这样好读的历史

宋代的繁华

上

刘路/著

人民文学出版社 天天出版社

图书在版编目（CIP）数据

宋代的繁华：全2册 / 刘路著. -- 北京：天天出版社，2022.5
（这样好读的历史）
ISBN 978-7-5016-1807-1

Ⅰ.①宋… Ⅱ.①刘… Ⅲ.①中国历史 – 宋代 – 少儿读物 Ⅳ.①K244.09

中国版本图书馆CIP数据核字(2022)第043746号

责任编辑：王 苗	**美术编辑：**林 蓓
责任印制：康远超 张 璞	

出版发行：天天出版社有限责任公司
地址：北京市东城区东中街 42 号　　　　　**邮编：**100027
市场部：010-64169902　　　　　　**传真：**010-64169902
网址：http://www.tiantianpublishing.com
邮箱：tiantiancbs@163.com

印刷：保定市中画美凯印刷有限公司	**经销：**全国新华书店等
开本：880×1230　　1/32	**印张：**13.875
版次：2022 年 5 月北京第 1 版	**印次：**2022 年 5 月第 1 次印刷
字数：230 千字	**印数：**1-10,000 册
书号：978-7-5016-1807-1	**定价：**68.00 元(全 2 册)

写出好读好看的历史书　序

辛德勇

　　天天出版社写给孩子们的历史书付印在即，嘱咐我写几句话，给读这套书的小朋友们。

　　这套"这样好读的历史"，作者和出版者想要提供给小读者的，是一套好读的书，是想向小读者们展现一幅幅好看的历史画面，一位位有意思的历史人物，以及一个个有趣的启发问题。

　　把历史书写得好读好看，是一件不大容易的事。这套"这样好读的历史"，作者和天天出版社都花费了很大心力。这些心力，最关键的，就花费在这套书的创作主旨和写作方式上了。

　　那么，他们花这么大心力干什么呢？目的很简单，就是让历史书变得好读，就是想把好读的历史书摆在小读者的面前。好读并不只是说读起来简单，读起来容易，更重要的，是要读着有意思，舍不得停下来，也就是像那个成语讲得那样——欲罢不能。若换更浅显易懂的大白话来表述，那就是"好看"，这套书的内容编排和表述形式都会让小朋友们喜欢。

各位小读者读历史书，当然大多数人主要接触的是学校的历史课本。可在我看来，历史课本里具体的历史人物和历史事件太少，抽象的历史观念和历史认识又太多。一副干巴巴的面孔，很不讨人喜欢，甚至会让小朋友们望而生畏，读而生厌。

可看看身边的情况就能够明白，我们很多小朋友是很喜欢看历史题材的影视作品的，也很喜欢玩历史题材的电子游戏，这说明大家不仅不讨厌历史，还很喜欢历史，只是喜欢那些更加具体的人物活动、历史事件而已。而这些内容在现行历史课本里恰恰是很少看到的。

不管做什么事，不管是谁，缺什么，就得补什么，这是通行古今、遍及寰宇的道理。这套"这样好读的历史"，就是给小朋友们增补历史知识的：书中写了一个个活生生的、有血有肉有性情的历史人物，一件件充满戏剧性情节的历史事件，能把小读者带入历史场景中，切实地去感受和体会。

这样的历史人物和历史事件，在某些历史学专家，或者更准确地说是在大多数历史学专家的眼中，往往会觉得太表层，不够深入，不能很好地体现出历史发展的内在机制，所以不愿意多加关注；至少觉得青少年在学习历史时不应过多关注这些具体的人和事，更应该去追寻那些历史发展的内在规律。现行的中学乃至大学历史教科书，编著者瞩目的焦点就是如此。

这是一种很"正规"的想法和做法，既然"正规"，自然就一定会有它合理的一面。然而，这并不一定完全符合人们认识历史的路径。学习历史，认识历史，和学习所有其他知识、事物一样，一般都应该是由具体到抽象，由个别到一般；再说，我们学习历史、认识历史的目的，不一定是非得去追寻那些一般性的宏大规律不可，也不一定非要去弄明白那些深层的社会机理不可。满足好奇的欲望，丰富自身的知识，同样也是一种极其正常而且相当普遍的需求。对年幼的小朋友们来说，尤其如此。

其实那些看起来俨乎其然的"正规"大道理，至少是不能体现人类历史的完整面貌的；甚至可以说，这些"正规"大道理涉及的只是人类丰富历史活动中一个非常有限的侧面。

从中国古代史书的体裁及其演变过程来看，像《史记》《汉书》这样的"纪传体"史书，出现的时间相对来说是比较晚的。在这之前，世上通行的乃是像《春秋》和《左传》这样的"编年体"史书。这种"编年体"史书的基本特点，是严格按照史事发生的前后顺序来做客观的记述，一件事是一件事。好处是，每一件事发生的时间都很精准，可坏处也很明显，就是干巴巴的。读着，内容不连贯；眯着，书中描摹的景象也不好看。

至西汉中期，司马迁撰著《史记》，开创了"纪传体"这一全新的史书体裁。所谓"纪传体"，就是其构成部件，既有本纪，又有列传。本纪，实质上是对编年体史书的继承，而列传则主要是人物的传记。司马迁在列传中选取的是各个时代、各个方面最有代表性的人物，可以说三教九流，一应俱全。

太史公司马迁是想通过这些代表性人物来体现一个时代的整体风貌，全面、具体而又鲜活。就这样，历史著述的形式开始变得好读了，内容也好看了。可大家千万不要以为司马迁这么做只是为了愉悦读者，这是基于他对个人命运的深切关怀。所谓历史，就是人类过去的经历，不过"人类"只是一个笼统的概念，事实上人类历史是由千千万万具体的个人缔造的。司马迁选取各个方面的代表性人物，记下他们每一个人独特的经历，实际上是深刻而又全面地为后世留下了历史的真实面貌。正因为如此，这种纪传体史书成为中国古代史学著述的骨干，历代所谓"正史"，也就是世所周知的《二十四史》，就都是这种体裁。

现在，了解到上述历史因缘，大家也就很容易理解，天天出版社呈现给小朋友们的这套"这样好读的历史",向小朋友们讲述各个历史时期的代表性人物,讲述这些人物所参与、所经历的重要事件,沿承的正是司马迁开创的这种优良的史学传统,必定会激发小读者们对历史的兴趣,让各位小读者愿意学历史,喜欢学历史,从而也一定会大大帮助他们更好地认识历史,具体地体会学校历史课本的内容。

这真是一套既好读又好看的历史书,相信小朋友们一定会喜欢。

2021 年 3 月 13 日记

目录

第三章
大变法

第四章
建炎中兴

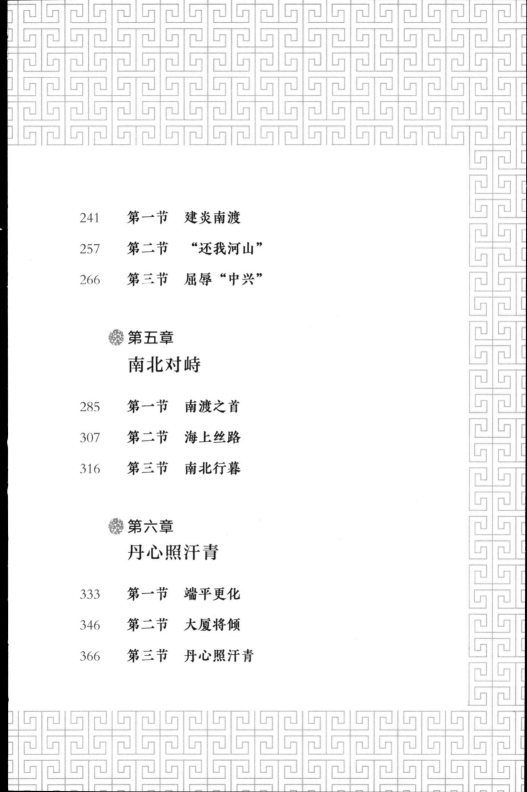第五章
南北对峙

第六章
丹心照汗青

第一章

从『武夫仁心』到『太平兴国』

南宋学者吕中评价说，『太祖时规模广大』，而『太宗规模繁密』。兄弟二人虽性格不同，但都对宋朝产生了重大影响。宋朝基本的政治传统，在太祖和太宗时期，已基本形成。

第一节

大宋开国

分崩离析

公元907年，曾经昌盛一时的大唐王朝在内忧外患中覆灭。此后，在黄河流域中下游，也就是传统的"中原"地区，先后出现了五个小王朝，分别是后梁（907—923）、后唐（923—936）、后晋（936—947）、后汉（947—950）和后周（951—960），史家合称为"五代"。名义上，这五个王朝仍然代表中央政府，属于正统王朝，但这个"中央"和"正统"实在不尽如人意。

以空间论，疆域最大的是后唐，一度将势力扩展到今四川一带，但这个版图很快就崩溃了；最小的是后梁，连北方"中原"之地都没能统一。以时间论，享国最久的后梁也才不到十六年；最短的后汉更是只有区区三年多——为中国所谓"正统王朝"短命之最。它们虽然号称"朝廷"，却根本没人拿它们当真正的"中央"。

除了北方的五代，在南方还有九个小政权，与北方的北汉合称"十国"。这些割据者有的自立为帝，与五代小朝廷分庭抗礼；有的接受五代朝廷节制，名义上向"中央"称臣纳贡，接受"中央"册封。但实际上，它们都是各自为政、世袭罔替的割据政权。

十国，包括先后位于今江淮、江西一带的吴国和南唐，先后位于今四川、重庆一带的前蜀和后蜀，位于今两广地区的南汉，位于今湖南一带的楚国，位于今浙江一带的吴越，位于今福建一带的闽国，位于今湖北南部的南平（又称荆南），以及位于今山西中部的北汉这十个政权。记住"十国"有一个顺口溜："吴唐吴越前后蜀，南北两汉闽平楚。"

至于十国之外，割据者更是多如牛毛，称霸一方，忽起忽灭，令人眼花缭乱，整个中国版图支离破碎。昔日统一的王朝，早已经分崩离析，面目全非。

🌀 兵祸不断

大分裂时期，割据政权彼此混战，战乱是不可避免的。然而五代在战乱之余，还有更严重的问题，那就是接连不断的兵祸。从基层的普通士兵，到地方的藩镇节度使，再到中央的禁军大将，叛乱此起彼伏。

清代史学家赵翼曾说："王政不纲，权反在下，下凌上替，祸乱相寻，藩镇既蔑视朝廷，军士亦挟制主帅，古来僭乱之极，未有如五代者。"意思是说，朝廷失去秩序，军政大权被下面的人控制。在下者凌驾于上位者，上位者政治废弛、无所作为，祸乱没完没了。地方藩镇蔑视中央朝廷，低级官兵挟持军中主帅。自古以来，犯上作乱的程度，没有比五代时期更严重的了。在赵翼眼中，五代十国

是一个完全失去秩序的时代。

士兵反了，倒霉的是主帅；主帅反了，倒霉的就必然是皇帝。但不管谁造反，最后倒霉的一定是老百姓。

宋朝的开国皇帝赵匡胤，就诞生在这样一个战乱兵祸不断的时代。赵匡胤小时候，他的父亲是一名中央禁军的低级军官，因此他勉强可以算作"军二代"，比一般老百姓的日子好过些。即便如此，赵匡胤仍然躲不过"离乱人不如太平狗"的命运。

934 年，赵匡胤八岁。后唐潞王李从珂造反，攻陷后唐都城洛阳自立为帝，并在城中大肆搜刮，住在洛阳的赵匡胤一家没躲过去。

947 年，赵匡胤二十一岁。后晋主帅叛变，导致北方契丹军队攻入开封，后晋灭亡。契丹人在中原肆意劫掠，已移居到后晋都城开封的赵匡胤一家又没躲过去。

950 年，赵匡胤二十四岁。后汉枢密使郭威造反，率军攻占后汉都城开封，士兵放纵剽掠。赵匡胤是郭威军中的一名士兵，是否参与剽掠，史无记载。

957 年，赵匡胤三十一岁。后周讨伐南唐，在楚州（今江苏省淮安市）遇到顽强抵抗。周军攻克楚州后，周世宗郭荣下令屠城，楚州陷入一片血海。时任后周大将的赵匡胤在城中发现一名死去的妇女，身下的小婴儿仍然咬着母亲的乳头。他在这条巷子中找了一位奶妈，让她好生收养婴儿。巷子里的男女老少也因此免遭屠戮。后来，幸存的人们将这条巷子改名为"因子巷"；再后来，巷名被讹传为"金子巷"。

从八岁到三十一岁，从遭受兵祸，到参与兵祸，再到减轻兵祸，赵匡胤备受五代乱世的折磨，也在试图走出乱世。

这一次，他决定阻止兵祸。

陈桥兵变，黄袍加身

951 年，后汉枢密使郭威在攻克开封后自立为帝，建立后周，仍以开封为都。959 年，后周第二代皇帝郭荣英年早逝，其子郭宗训（周恭帝）继位，年仅七岁。后周主少国疑，暗流涌动。

周世宗郭荣是后周的第二代皇帝，被誉为五代第一明君。因本姓柴，俗称柴荣，954—959年在位。他励精图治，明确提出"以十年开拓天下，十年养百姓，十年致太平"的宏伟目标。在政治上澄清吏治，选贤纳谏，制定了较为完善的法典《大周刑统》；经济上均定田赋，奖励农耕，恢复漕运，兴修水利，重视工商，限制佛教；军事上选练精兵，采纳统一天下的《平边策》，先后击败北汉、后蜀、南唐、契丹等劲敌。他为宋朝终结五代乱世奠定了基础。

960年大年初一，位于北方边疆的镇州（今河北省石家庄市正定县）、定州（今河北省定州市）突然来报：契丹、北汉大军来犯！一时之间，君臣汹汹，不知所措。匆忙之下，执掌军政大权的首相范质命殿前都点检（禁军司令官之一）赵匡胤率领禁军出征。开封百姓回想起十年前改朝换代之际，郭威曾剽掠开封，都十分恐慌，纷纷逃出城外。

正月初三，赵匡胤率周军主力离开开封，当晚驻扎在城门外三十里的陈桥驿。赵匡胤因为醉酒，早早入睡。军中将士乘机发动兵变，要求拥立赵匡胤为皇帝。初四黎明，刚刚睡醒的赵匡胤就被士兵披上了黄袍。"黄袍不是寻常物，谁信军中偶得之？"明朝人岳正这首诗，一语中的。这场陈桥兵变乃是赵匡胤与心腹将领们早就谋划好的。

按照惯例，赵匡胤当了皇帝，就该放纵将士劫掠。然而，从小就深受兵祸之苦的他，这一次决定改变乱世的规则。他向全军下达命令："不得伤害皇帝、太后和公卿大臣，不得掠夺。待到局势稳定，我自会厚赏你们；不然，族诛不贷！"随即率军回师开封。

后周侍卫亲军马步军副都指挥使（禁军司令官之一）韩通试图抵抗，被赵匡胤的部下所杀，后周的抵抗力量瞬间瓦解。不久，赵匡胤率领大军，整肃有序地进入开封，迅速控制了都城的局势。接着，将士们解甲还营，无人抢掠；老百姓安安稳稳，照常度日；城中商铺也没有受到丝毫影响，依旧营业。这与十年前开封遭遇的那场兵变，形成了鲜明对比。南宋史学家李焘曾在《续资治通鉴长编》中欣慰地说："受命之日，市不易肆，仁之至也！"

初四当天，周恭帝禅位，赵匡胤正式登基，并于次日

改国号为宋，享国三百二十年的大宋王朝（960—1279）正式建立。赵匡胤就是宋太祖（960—976在位）。史家又将宋朝分为北宋（960—1127）和南宋（1127—1279）两个时期。

作为武夫的宋太祖赵匡胤，却怀有一颗"仁心"。陈桥兵变成为一个历史性的宣言：乱世终将走到尽头，太平天下的曙光已经照耀在中华大地上。

宋太祖与宋太宗

宋太祖赵匡胤与宋太宗赵光义，分别是宋朝的第一位和第二位皇帝，两人是同父同母的亲兄弟，宋人常将二人合称为"祖宗"。

二人的父亲赵弘殷是涿州（今河北省涿州市）人，曾为五代禁军将领。受家庭熏陶，赵匡胤自幼好武，功夫了得。他是后周世宗的爱将，曾于万军之中生擒敌军主将。民间甚至传说他自创了太祖长拳和"大小盘龙棍"（即双截棍）。

宋太祖在位期间，一面发动统一战争，基本完成全国统一；一面积极发展文治，开展渐进式改革，逐渐加强中央集权，使宋朝走出了五代时期兵祸不断的阴霾，步入了稳定发展的正轨。

　　宋太祖认为"人命至重"，并身体力行减轻杀戮。他改革司法制度，严禁重刑滥杀，对后周恭帝和割据政权的降主，也尽量采取宽容接纳的措施，扭转了南朝以来五六百年间篡位必弑逊帝的局面。他甚至在灭南唐时，要求主帅曹彬节制诸将，严禁劫掠，减少伤亡。对于自己的亲弟弟赵光义，以及情同手足的赵普、石守信等人，他也从未因权力受到威胁而动杀心，这在当时极为罕见。

　　976 年十月（本书提及的月份皆为阴历），赵匡胤暴亡，相传为其弟赵光义所杀。赵光义本名匡义，赵匡胤去世后，他继承皇位，改名赵炅，是为宋太宗（976—997 在位）。太宗极大地强化了中央集权，使权力进一步向皇帝手中集中。

　　太宗喜欢读书，还大力推广科举制度，重用文臣，开宋代士大夫政治之先河。相对于文治的成功，太宗的武功可谓一败涂地。在他统治时期，宋军数次大败于辽朝（契丹），精锐尽失。太宗也缺乏太祖的胸襟，满朝文武都是他的防范对象。为了消除隐患，他甚至迫害自己的亲弟弟和亲侄子（太祖之子），这与太祖形成了鲜明对比。

南宋学者吕中评价说，"太祖时规模广大"，而"太宗规模繁密"。兄弟二人虽性格不同，但都对宋朝产生了重大影响。宋朝基本的政治传统，在太祖和太宗时期，已基本形成。

开国元勋赵普

在宋初的立国建制中，尽管主导者是乾纲独断的宋太祖与宋太宗，但众多影响后世的重大举措的确立，都离不开另一个重要的人物，就是宋初开国元勋之首——赵普。

赵普，字则平，幽州蓟县（今北京市）人。早在后周时期，赵普就与宋太祖建立了深厚而密切的关系，成为太祖的首席幕僚。在赵普的谋划下，太祖发动陈桥兵变，建立宋朝。赵普素以天下为己任，宋朝建立后，先后任枢密直学士、枢密副使、枢密使；自964年起，任独相（只有他一个宰相）长达十年，对宋初的大政方针有不可替代的影响。在北宋统一方略、杯酒释兵权、削藩等关乎宋代国运的政策中，都有赵普的身影。

赵普还以敢言直谏著称。有一次，赵普推荐一个人担任某个官职，与太祖拉扯了一天，太祖死活不同意。没想到第二天，赵普又来推荐此人，太祖依旧不准。第三天，赵普又来了，太祖这下烦了，气急败坏地把赵普的奏章抢过来撕得粉碎。赵普面不改色心不跳，把碎成渣的奏章捡了回去。第四天，当太祖再度见到赵普时，已经绝望了。因为赵普把那一堆碎纸渣一点一点拼好，重新黏合，又递了上来。太祖不得已，批准了赵普的提议。历史证明，赵普的坚持是值得的，因为那个人上任后，果然称职得力。

又有一日，赵普奏事时把太祖惹怒了，太祖一把将奏章甩在地上。赵普神情自若，慢悠悠地捡起奏章，打开，摊平，再度递到太祖面前。太祖愤然起身，拂袖而去。望着赵匡胤的背影，赵普依然喊道："这事就该如此办理，陛下容臣入内取旨。"

还有一次，两人闹得更凶。这次赵普是为立功者请命。这位立功者按制度应该升官，可不知怎么得罪皇帝了，升官批文石沉大海，杳无音信。赵普为此当面请示太祖，太祖却怒道："朕就是不让他升官，你能怎么样？"赵普说：
"刑以惩恶，赏以酬功，这是古今的大道理。而且赏罚是
天下的赏罚，不是陛下一人的赏罚，哪儿能全凭您高兴不
高兴，就来定天下大事？"太祖一怒之下回了寝宫万岁殿，
赵普也一路追随而至，站在殿门外候旨。面对赵普的执着，
太祖再度屈服，心不甘情不愿地在赵普的奏章上写下一个
"可"字。

太祖晚年，赵普终因专权而受到猜忌，遭到罢相。太
宗时，赵普又两次拜相，官至太师。去世后被追封为尚书
令、韩王，世称"赵韩王"。到了南宋理宗时，赵普被列为
昭勋阁二十四功臣之首。

南宋中后期以来，一直有赵普"半部《论语》治天
下"的传说。据传赵普一辈子只读过《论语》一本书，遇
到重大决策，他都要读一读《论语》，以从中吸取政治智
慧。赵普辅佐太宗时，曾亲口说："臣平生所知道的，确
实不出《论语》之外。当年，臣以半部《论语》辅佐太祖
平定天下；现在，臣想用另外半部来辅佐陛下开创太平盛
世。"其实"半部《论语》治天下"只是文人们编出来的
段子。赵普政治能力出众，不过他早年确实读书不多，知

识不广博。正因如此，后人才将"半部《论语》治天下"的传说附会在他身上。

　　赵普的直言敢谏，既源于宋太祖对他的信任，也源于宋太祖创造的开明的政治风气。宋代政治环境的宽松程度，在中国古代首屈一指。相传宋太祖曾立有一块石碑，上面写着："不得杀士大夫和上书言事的人！"尽管"太祖碑誓"未必真的存在，但宋代的政治风气确实相对开明，极少发生官民因为上书言事而被杀的情况。即便是惹怒皇帝的官员，对其最严重的处罚也往往是贬往边远地区，而非诛杀。

❀ 思　考 ❀

（一）五代十国时期，为什么会战乱兵祸不断？

（二）陈桥兵变对中国历史的发展具有怎样的影响？

第二节 海内一家

雪夜定策

　　后周时，随着中原王朝实力不断上升，周世宗开始筹划一统天下。当时，王朴写下《平边策》，提出"先南后北""先易后难"的战略方针，建议先灭掉经济富庶、力量较弱的南方诸政权，然后再挥师北伐，收复被辽朝（契丹）占据的幽云十六州，灭掉其支持的北汉，完成统一。

　　世宗遵照《平边策》，讨伐后蜀，三征南唐，攻占了大片土地；同时又调整战略，北伐辽朝，收复了幽云十六州中的关南二州。正当辽军集结，准备与周军决战时，世宗却突然发病，后周被迫撤军，北伐戛然而止。

宋朝建立后，宋太祖继续统一天下的进程。作为昔日后周的高级将领，太祖熟知《平边策》的战略部署，但也尝试对这一战略进行调整。

　　某天夜里，风雪交加。太祖与皇弟赵光义，共赴赵普府上商议统一大计。

　　赵普问道："大半夜里，天寒地冻的，陛下怎么还出门？"

　　太祖喝了一杯温酒，暖了暖身子，无奈地说道："我睡不着啊。你看，一榻之外，全是别人的地盘。所以我来找你，看你有没有什么办法。"

　　赵普问道："陛下是不是觉得自己的天下太小了？南征北伐，现在正是时候，臣愿洗耳恭听。"

　　"我想消灭北汉，收复太原。"太祖几乎脱口而出。

　　赵普默然良久，才摇着头说："此非臣能知道的事情。"

　　太祖问道："为什么？"

　　赵普回答说："北汉西有党项，北有契丹，如果一举灭掉北汉，那么来自党项、契丹的边患就由我大宋独挡了。不如先留着它，等削平诸国后，北汉不过弹丸之地，拿下它简直易如反掌。"

　　太祖闻言，哈哈大笑，赶紧给自己找个台阶下，说道：

"我也是这个意思，刚才不过试试你罢了。"然后回头对赵光义说，"中原自五代以来，兵连祸结，府库耗竭，我必先取西川，再取荆、广、江南，国家自然就会富足起来。我们的劲敌，只有契丹一国，不如就让北汉作为屏障，等我大宋扫灭群雄，取之未晚！"

在赵普的坚持下，太祖仍然回到了《平边策》的既定方针。先南后北的统一方略，就此确定。

南唐开国皇帝烈祖李昪也曾制定了统一天下的方针。他认为，与南唐相邻的吴越、闽、楚三国征讨起来耗时费财，得不偿失，不如与他们息兵安境，争取战略时间，增强自己的国力。南唐真正的敌人是盘踞中原地区的王朝（即"五代"），中原兵祸不断，早晚还会生变，那时南唐发兵北上，必能平定中原，如此南方诸国自可传檄而定。李昪的统一方略，比后周王朴的《平边策》早了十余年。可惜南唐版的《平边策》战略，毁在了后继者手里。

宋太祖统一南方

宋朝建立时，北方有劲敌辽朝及其扶持下的北汉（951—979）；南方则有吴越（907—978）、南唐（937—975）、漳泉（949—978）、荆南（又称南平，924—963）、湖南（951—963）、南汉（917—971）、后蜀（934—965）等割据政权。宋太祖在建国初平定李筠和李重进的叛乱后，便集中兵力进攻南方诸国。

963 年，太祖出兵荆南，占领江陵府（今湖北省荆州市），荆南节度使高继冲投降；宋军随即进军湖南，擒获武平军节度使周保全。

964 年，太祖命王全斌、刘光义率军，分别从北、东两个方向进攻后蜀。蜀军一败涂地，仅仅用了六十六天，宋军就兵临后蜀都城成都城下。965 年，后蜀后主孟昶被迫投降。灭蜀后，太祖曾推行了一系列安民政策，对孟昶也给予极高的优待条件，表现出了广阔的包容之心。然而，驻扎蜀地的宋军，却在王全斌的纵容下烧杀劫掠，终于激起全蜀范围内的兵变民变，直到 966 年底，变乱才被镇压下去。孟昶也在到达开封后不久，便不明不白地死去。

970 年，大将潘美率宋军进攻南汉。南汉先后共四位皇帝，个个残暴无比，统治颇不得人心。宋军势如破竹，于 971 年攻破南汉都城兴王府（今广东省广州市），南汉后主刘𬬮投降。

南唐是南方诸国中唯一有实力抗衡中原的政权，但自从败于周世宗后，国力渐衰，被迫先后向后周和宋朝称臣。后主李煜在位时，南唐自去国号，改称江南国。974 年，太祖以李煜不奉诏入朝为由，联合吴越国对江南用兵。为避免重蹈伐蜀的覆辙，太祖选用了宽厚的曹彬作为主帅，要求他节制诸将，减少战争伤亡。

李煜自恃有长江天险，没想到宋军却在采石矶（位于今安徽省马鞍山市西南）外，将横亘长江的战舰用绳缆连接起来，建起了一座长江浮桥。宋军通过大桥，如履平地，迅速围困江南都城江宁府（今江苏省南京市）。975 年，李煜出降。

战争期间，李煜曾派徐铉到宋廷求和。徐铉一再强调：江南对宋朝极为恭敬，宋朝没有理由攻打江南。没想到宋太祖勃然大怒，手按宝剑，厉声喝道："不须多言！江南又有什么罪！但天下一家，卧榻之侧，哪儿容得下他人鼾睡！"

南唐灭亡后，南方仅剩的漳泉（以泉州为首府）和吴越（以杭州为都）两个小政权难以为继。太祖去世后，太宗采取政治手段，对两国施加压力。978年，平海军节度使陈洪进和吴越国王钱俶先后纳土称臣。太宗不费吹灰之力，完成了宋朝对南方的统一。

南唐后主李煜虽然没有力挽狂澜的政治能力，却多才多艺，有相当高的文学艺术成就。他的书法遒劲有力，有如寒松，世称"金错刀"；他画的竹子自根部至竹梢，都是一一勾勒而成，世称"铁钩锁"。当然，李煜最大的成就还是作词，特别是南唐灭亡后，他的以《虞美人》《浪淘沙》为代表的作品哀婉凄凉，饱含亡国之痛，极富艺术感染力。李煜的词对日后宋词的繁荣产生了深远影响。

宋太宗终结乱世

北汉（951—979）是十国中唯一在北方的政权，位于今山西省中部，土地贫瘠，将寡兵少，依靠辽朝的支持勉强立国，宋朝对其长期实行蚕食战略。宋太祖曾先后于968 年、969 年和976 年北伐北汉，虽然未获克捷，但对北汉造成了致命打击。

979 年，一辈子没打过仗的宋太宗宣布御驾亲征。依靠太祖的策略和遗留下来的名将，宋军首先在白马岭击败了入援的辽军，然后迅速围困北汉都城太原府（今山西省太原市西南）。当年五月，北汉最后一位皇帝刘继元投降。

宋灭北汉时，有个故事很值得一提。

刘继元投降后，带领宋军接收太原。太原城门上却突然传来一声大喝："停下！"

所有人都吓了一跳，大家顺着声音望去，才发现城头之上，北汉名将刘继业怒发冲冠，指着宋军的方向喝道："不要再往前了！我主虽已归顺，我却不愿活着投降！今日

开城，与尔等决一死战！"

太宗闻讯，亲自来到太原城下，对刘继元说："刘继业是忠勇兼备的虎将，朕会重用他！你快进城，一定要说服他来见我！"在刘继元的劝说下，刘继业面向北面最后叩拜了两次，然后脱下战甲，放下武器，随刘继元出城降宋。

刘继业是北汉开国皇帝刘崇的养孙，北汉灭亡后，太宗让他恢复了本姓——杨。从此，世间再无刘继业，后世家喻户晓的，只有一个震古烁今的名字：杨业！

伴随着北汉的灭亡，宋朝基本完成了统一，五代十国的乱世正式结束。一个只有好勇斗狠、阴谋诡计，不讲仁义道德的乱世，最后以一位忠勇的义士放弃抵抗，画下了休止符。

不过，太宗虽然结束了十国的分裂局面，却尚未完成统一事业。当时，以幽州（今北京市）和云州（今山西省大同市）为核心的幽云地区仍为辽朝占领；在西北，还有一个由党项族控制的定难军政权。党项族一说源于羌族，一说源于鲜卑。唐末，党项首领拓跋思恭因镇压黄巢起义，被封为定难军节度使、夏国公，赐姓李氏，以夏州（今陕西省榆林市靖边县北）为首府。党项李氏世袭节度使，并先后向五代、宋朝称臣。982 年，定难军节度使李继捧入朝纳土，其族弟李继迁却发动叛乱，后被辽朝封为夏国王。李继迁的势力成为宋朝的西北边患，其子孙最终建立了西夏王朝。

❋ 思　考 ❋

（一）为什么王朴和赵普都支持"先南后北""先易后难"的统一方针？周世宗和宋太祖"先北后南"的方针是否可行？

第三节 『释兵权』与『养兵』

🌀 杯酒释兵权

　　五代以来，朝廷为了压制藩镇，组建了强大的禁军。可随之而来的，是禁军对皇位的威胁。前面提到的后唐潞王李从珂兵变、后汉枢密使郭威兵变以及赵匡胤发动的陈桥兵变，都是禁军主导的。五代时期兵祸不断，与禁军叛乱息息相关。尤其是五代后期，禁军高级将领在叛乱中具有举足轻重的地位，宋太祖自己就是以禁军首领的身份，依靠禁军实现了改朝换代。

> 北宋时期，负责守备京师、屯驻地方及征讨四方的正规中央军称为禁军，地方部队称为厢军。厢军的力量非常弱，主要负责修缮城墙、治理河道等杂役。宋代的士兵沿用五代旧制，在脸上刺字，社会地位较低。

因此，宋朝建立后，太祖采纳了赵普的建议，削夺禁军高级将领的兵权，其中最广为人知的一次，便是"杯酒释兵权"。

961年七月，太祖邀请石守信、张令铎、高怀德和王审琦入宫参加酒宴。这四人不仅是当时禁军中职位最高的将领，更是宋朝的开国功勋。他们与太祖的关系也极为密切：石守信和王审琦是太祖的拜把子兄弟，高怀德是太祖的妹夫，张令铎是太祖的老战友。

酒宴上，太祖感慨道："要不是你们，我绝对没有今天。我一刻也没忘记你们的功德。可是当皇帝太难了，还不如当节度使快乐，我现在连个安稳觉都睡不了。"

众人忙问为何，太祖答道："谁不想当皇帝？"

众人闻言大惊，急忙跪地以表忠心。太祖却回答：

"你们当然没有二心，可一旦你们那些贪图富贵的手下，把黄袍披在你们身上，做不做皇帝，还由得了你们自己吗？"

太祖又说："人生犹如白驹过隙，一晃就过去了。因

此，那些想要大富大贵的人，不过就是想多攒点钱，然后好好享受，子孙后代也不至于穷得叮当响。你们何不交出兵权，出守藩镇，买块好地，买套好房，留给子孙后代。然后，多置些歌儿舞女，每天喝酒唱歌，以终天年。我跟你

们结为亲家，从此君臣一体，两无猜疑，上下相安，岂不是很好！"

惊魂未定的众人只好跪拜于地，叩谢皇恩："陛下如此顾念臣等，真是使死人复生、白骨长肉啊！"

第二天，禁军四大将领集体请辞。到了七月初九，高怀德、王审琦和张令铎分别罢落军职，出任节度使；石守信虽然仍在禁军待了一年，但主要是负责工作交接，早已没有实权。太祖也履行了诺言，至死没有难为四人；他与诸将结为亲家的承诺也得到兑现。这就是著名的杯酒释兵权。

著名作家柏杨在《中国人史纲》中曾评价说，杯酒释兵权"是一种最高的政治艺术的运用。一席酒宴解决了不断兵变和不断改朝换代的祸根"。也有学者指出，杯酒释兵权只是宋代人编出来的故事，并不可信。不过可以确定，宋太祖没有采取五代时期猜忌、杀害将领的传统办法，而是通过"赎买权力"的途径，和平解决禁军问题。这和陈桥兵变一样，是用止杀的方式，改变了乱世的规则。

制服骄兵悍将

当然，要解决禁军问题，不仅要靠"最高的政治艺术"，更要依靠稳定的制度。为了制服骄兵悍将，太祖和他的后继者们，对禁军制度进行了大刀阔斧的改革。禁军原有的两大统兵机构被拆分为三个，只负责军队的日常训练、禁卫戍守、升降赏罚；部队的征调由枢密院负责；而征战时的领兵统帅则由皇帝临时任命。这样，军权被一再分散，直接掌握所有军事大权的只有皇帝一人。

> 五代后期，禁军的统兵机构为殿前司和侍卫亲军司，合称"两司"。宋初，侍卫亲军司又被拆分为侍卫马军司和侍卫步军司，这两个机构与殿前司合称"三衙"。

宋朝还自开国起实行更戍法，要求戍守各地的禁军每隔三年，要调换一次防区，从而形成兵不识将、将不识兵，兵无常帅、帅无常师的局面，以防长期驻扎地方的将领与士兵结成亲密关系，形成军事割据。

宋朝继承五代传统，全面实行募兵制。士兵是直接招募而来、以打仗训练为生的职业军人，朝廷向士兵支付饷银，因而被称为"养兵"。宋朝积极养兵并非只是为了加强军事力量，而是另有目的。在灾荒之年，大量破产甚至吃不上饭的农民沦为流民，成为威胁社会稳定的隐患。宋太祖发现，可以将流民招募为兵，由朝廷供养。这样不仅防止了流民造反，还可以将他们转化为维护宋朝统治的军事力量。因此，太祖骄傲地说："养兵可为百代之利！"

在太祖的努力下，朝廷终于控制了骄兵悍将，走出了后汉以来政权被禁军颠覆的怪圈，获得了前所未有的稳定。太祖下一步要解决的，就是地方的藩镇问题了。

❋ 思 考 ❋

（一）宋朝解决禁军问题，除了政治艺术外，为什么还需要政治制度？

（二）以"杯酒释兵权"为代表的一系列措施，虽然解决了禁军叛乱的问题，但是会产生哪些消极影响呢？

（三）你认为养兵是否是百代之利？为什么？

第四节

削藩三策

三大纲领

在解除禁军威胁的同时，宋太祖无时不在思考治国理政的策略。961年，太祖向赵普问了这样一个问题："自唐末以来，数十年间，中原的帝王换了十个姓氏，兵革不息，生灵涂炭，这到底是为什么？我想平息天下的兵乱，为国家寻求长治久安之计，又该如何做？"

赵普说："原因无他，不过是藩镇权力太重，君弱臣强而已。现在要治理，也别无他巧，只要稍夺其权、制其钱谷、收其精兵，天下自然安定。"

赵普指出，天下大乱，根源在于藩镇权重。对国家而言，藩镇擅权意味着国土分裂，社稷颠覆；对老百姓而言，则意味着滥杀重刑，苛捐杂税。藩镇不削，国家无宁日，百姓不安心。

只有消灭代表地方分离势力的藩镇，加强中央集权，四分五裂的局面才能得到根本扭转，国家才能走上稳定发展的道路。

宋初承袭唐末五代制度，地方上设有大量的节度使辖区，称为"藩镇""方镇""节镇"。藩镇长官为节度使，总管境内一切行政、军事、司法、财政、监察等事务，是割据一方的土皇帝，是国家统一的阻碍之一。

"稍夺其权""制其钱谷""收其精兵"，这就是赵普著名的"削藩三策"，可谓宋初削藩的三大纲领。三大纲领看似并列而举，实则循序渐进。稍夺其权，就是逐渐剥夺藩镇的行政权与司法权，是对藩镇统治基础的削弱；制其钱谷，是收缴其财政权，断了藩镇扩军养兵、收买人心的财路；只有行政权、司法权、财政权都收归朝廷，中央与地方的力量对比才会发生明显变化，那时才能谈剥夺藩镇节度使兵权的问题。

稍夺其权

削夺节度使的行政权是一件非常敏感、搞不好就会激起藩镇造反的事情。因此，太祖没有急于对自己统治区域内的藩镇直接下手。

963 年三月，北宋灭掉湖南割据政权。在这片新开拓的领土上，宋廷不再设立节度使，原属节度使的"支郡"全部改为中央的直辖州；同时，也不再任命作为地方长官的州刺史，而是改派中央官员以朝官的身份到地方上主持政务，称为知某州军州事（简称知州）。第一批的知州包括权知潭州（今湖南省长沙市）吕余庆、权知衡州（今湖南省衡阳市）李昉、权知朗州（今湖南省常德市）薛居正等人，都是腹有诗书、办事干练的有识文臣。为防止知州权力过大，太祖又设立通判，通判不仅是一州的二把手，还对知州有监察权，俗称"监州"。二者互相制约，都难以一支独大。

> 支郡是节度使的辖州，控制的支郡越多，节度使的权势就越大。

由于太祖是在新占领的土地上推行改革，因此并没有遭到各地节度使的阻碍。随着对外兼并战争的全面展开，宋军征服的土地越多，朝廷直辖的州就越多，直接管辖的面积也就越大。此后，面对日益强大的朝廷，面对朝廷派入藩镇的文臣知州，节度使虽不情愿，但只能就范。藩镇之权就这样被朝廷不动声色地削夺了。

制其钱谷

收回藩镇财政权是赵普"削藩三策"中的第二步。当时的地方赋税主要分为三份：一份上缴朝廷，称为"上贡"；一份送缴节度使府，称为"留使"；还有一份，留作地方州县使用，称为"留州"。唐末五代，节度使纷纷派遣亲信主持场院（征收地方商税的机关），控制地方税收。藩镇给朝廷的上贡越来越少，留使、留州的却越来越多。朝廷收不上钱，实力有限，自然也就拿藩镇没办法。

随着地方政治改革试验的推进，宋太祖决定扭转这一局面。大约在 963 年，朝廷开始让战时负责筹运军粮的转运使掌管部分地区的财赋收入。964 年，朝廷命令各州的税收，除了留在州中用于日常开支外，其余一律送往京师。965 年，为了贯彻这一命令，朝廷借鉴朝官知州的经验，又派出朝官文臣权知场院，直接负责商税征收。

宋代还流传着一个"杯酒释财权"的故事。传说宋太祖曾在便殿举行酒宴，席间问一位节度使："你除了上缴给朝廷的钱帛外，每年自己能留下多少钱？"节度使报了一个数额后，太祖又问："你看这样行不行，这笔钱我来出，算你个人收入。你也不用守在藩镇了，干脆入朝为官，与朕日日宴乐。你以前每年收的钱，我照数发给你。怎么样？"节度使欣然同意。

中央收回财权非常重要，既可以削弱地方物质基础，防止节度使豢养心腹、收买军队，又可以充实国库，从此，藩镇逐渐从昔日骄横跋扈的地头蛇，变成仰人鼻息的衰弱

老朽。地方与中央的力量对比，发生了根本性的改变。

收其精兵

经历了削夺藩镇的行政权和财权后，朝廷的实力大为增长，藩镇则大为衰弱，对宋太祖来说，是时候实行"削藩三策"的最后一步——"收其精兵"了。

965 年八月，太祖下令各地选送壮士入京，补入禁军。精锐的士兵从地方源源不断进入朝廷的禁军，藩镇却从此断了兵源。朝廷跟藩镇摊牌的时刻终于到了。

969 年十月，太祖再度上演了一出"杯酒释兵权"。不过，这次跟他喝酒的不再是当年一起出生入死的兄弟，而是五位桀骜不驯、资历比皇帝都老的节度使。

酒宴之上，太祖淡定地对节度使们表示："你们都是国家的元老宿旧，却长时间治理藩镇，整日政务繁忙，这不是我礼待贤士的心意。"

凤翔节度使王彦超马上明白了皇帝的用意，便奏道："臣本来也没什么功劳，长久以来一直享受着不该有的荣宠。现在臣老了，退休回家颐养天年，这才是臣的愿望。"

然而，其他四位节度使却大不以为然。这些宿将并不想老老实实交权，争相夸耀自己当年的赫赫战功，表示自己应该继续留在藩镇。

没想到太祖却冷冷地说道："都是前朝旧事，有什么值得称道的！"

第二天，与会的节度使统统被强行罢免藩镇之职，挂着闲职养老去了。这也是藩镇彻底衰落的标志。

彻底解决藩镇问题

终太祖之世，藩镇并未彻底罢废。要彻底消除藩镇割据，还差最后关键的一刀。

砍下这一刀的，是继承太祖皇位的宋太宗；而挨这一刀的，却是提出"削藩三策"的赵普。

973 年八月，赵普因专横被太祖罢相，黯然离京，出任河阳三城节度使、同平章事。河阳三城节度使的治所位

于孟州（今河南省孟州市），下辖怀州（今河南省沁阳市）等支郡。

太宗即位后，委派与赵普关系不佳的高保寅担任怀州知州，希望通过高保寅来牵制作为节度使、也是自己宿敌的赵普。然而，高保寅到怀州后，不但不能牵制赵普，反而被赵普穿了小鞋。一气之下，高保寅上奏太宗，请求废除藩镇统领支郡的制度。太宗虽然没有骤然废除支郡，但还是将怀州改为朝廷的直辖州。

怀州"支"改"直"事件，成了新的风向标，首先捕捉到风向的是虢州（今河南省灵宝市）刺史许昌裔。虢州是保平军的支郡，许昌裔上奏称，太宗的舅舅、保平军节度使杜审进有许多工作失误。太宗随即派右拾遗李瀚前去巡视，李瀚汇报称："节度使统领支郡，多任用亲信官吏掌管关津、市场，非常不利于商业贸易，致使天下的货物流通不畅。希望陛下不再让节度使统领支郡，这也是削弱地方势力、加强中央集权的办法。"

977年八月，太宗接受了李瀚的建议，正式下诏将全国十八个节度使的近四十个支郡改为朝廷的直辖州。节度使统领支郡的制度被彻底废除，藩镇时代成为历史。

至此，宋朝全国各地"兵也收了，财也收了，赏罚行政一切都收"（南宋朱熹语），中央政府的权力空前加强。在宋朝三百余年的统治中，再没有出现过地方割据、军阀混战的局面。

后藩镇时代的地方制度

藩镇逐渐废除后，宋朝名义上的地方行政机构为州、县两级。州级行政区包括府、州、州级军（军事要塞）和州级监（矿冶、铸钱、产盐区）；县级行政区包括县、县级军和县级监。

在朝廷与州级政区之间，还存在着一个"路"级辖区，每一路设有漕司、宪司、仓司和帅司等机构。

漕司全称转运使司，长官称转运使，握有一路的财政大权。宪司全称提点刑狱司，长官称提点刑狱公事，主管一路的司法事务。仓司全称提举常平司，长官称提举常平，负责一路的救济、水利、茶盐等事务。这三个机构还同时负有监察州县官吏的职责，因此又统称监司。

帅司全称安抚使司，长官安抚使专治一路军政和治安。有意思的是，安抚使负责军事，却往往是文官，由帅司所驻州府的知府或知州兼任。

一路之内，漕、宪、仓、帅四司并立，互不同属，甚至连驻地、辖区都不同。监司之间互相监察，帅司与监司之间互相监督，这种互相牵制的权力结构，有效防止了藩镇的死而复生。

太平兴国 第五节

"宰相须用读书人"

965 年，按照年号纪年法，这一年是乾德三年。一天，宋太祖急召宰相赵普，并递给他一面铜镜。只见铜镜背后刻着五个字："乾德四年铸。"太祖没好气地问："怎么现在就有乾德四年铸的镜子了？"赵普表示不知道。

太祖又询问了翰林学士承旨陶毅、翰林学士窦仪、他们均回答："这一定是西蜀的物件。当年伪蜀王衍曾以乾德为年号，这面镜子应该是那时所铸。"由于翰林学士和知制诰都是负责起草诏书的官员，文化水平较高，故而三人能够从容应对。

乾德是太祖建立宋朝后使用的第二个年号，是当时的宰相范质、王溥、魏仁浦定下的。太祖对年号只有一个要求：自古及今，从来没人用过。范质、王溥都是科举进士出身，是文化人。没想到，宰相们千挑万选，最后拟定的乾德，竟然与几十年前偏安一隅的亡国之君的年号重复。

至于眼前这位宰相赵普，居然也看不出乾德有问题。太祖越想越气，无奈地叹道："宰相须用读书人！"

其实自秦汉以来，中国的文臣就分成两大类：一类是文吏，精通吏道，治理能力卓越；另一类是文士，博学多才，腹有诗书气自华，也就是太祖口中的"读书人"。

五代时期，武人当国，但文吏的作用仍不可替代。因为武人打仗要粮饷，当皇帝后要控制各级官府，而这些任务，武人自己往往并不胜任，只能请文吏帮忙。赵普正是这样的文吏，无论是陈桥兵变，还是杯酒释兵权、削藩三策，武人皇帝宋太祖处处都离不开文吏谋士、文吏宰相赵普。

不过，文吏与武人类似，多不喜读书。他们的经验多来自实践，由于读书少，自然也缺乏对前人经验的系统学习；更何况新朝甫立，需要大量的制度与意识形态建设，都需要执政集团博学多识。以吏道闻名而学术薄弱的赵普，不足以应对这样的局面，因此，太祖才会借着铜镜事件督促赵普读书。

"宰相须用读书人"，这句足以垂范后世的警句正是宋初的一种导向，它成为由乱入定、由重武转向崇文的起点，也拉开了宋朝文治的序幕。

不过，太祖固然喜欢饱读诗书又能学以致用的人，但他最欣赏的则是文武兼备的全才。975 年，宋太祖亲自主持殿试，没想到王嗣宗与陈识在殿前争状元。太祖的解决办法是：让两人角力，谁赢了谁当状元。结果王嗣宗一拳打掉了陈识的幞头，凭武力较量拿到了文人看来尊贵无比的状元称号。

宋太宗勤政

宋太祖虽然发出"宰相须用读书人"的感叹，但并没有真正起用"读书人"做宰相。让宋朝的政治文化正式从武人政治转变为士大夫政治的，是第二任皇帝宋太宗。

976 年，太宗即位，改元"太平兴国"。太平兴国，寄寓着太宗对未来的美好愿景。而这一美好愿景的实现，是从太宗勤政开始的。993 年，太宗对宰相李昉说："朕勤于听政，就是希望天下能够太平。"

　　以前的皇帝并非每天都上朝处理政务。比如以勤政著称的汉宣帝五日一视朝，唐太宗三日一听政，唐高宗以后的皇帝一般两天一临政，而太宗坚持每日上朝。

　　每天黎明，太宗早早便起床洗漱，随后来到前殿上早朝。早朝的时间因季节而有变化，最晚在冬至日，大约是 7 点 12 分；最早则是夏至日，时间是凌晨 4 点 48 分左右。

　　早朝期间，太宗接见宰相、执政等重要部门的官员，听取他们奏事。退朝后，太宗转到后殿与臣僚商讨政务，批阅奏章。

　　下午如果没有特别安排，太宗会读书，有时一直读到深夜。他曾命人编撰了一部《太平总类》，每天坚持阅读，最终用了一年时间读完了整部书，书名随即改为《太平御览》。他曾说："我天性就喜欢读书，打开书卷就会有所收获。"成语"开卷有益"就由此而来。

夜里，太宗还时常召见近臣，探讨国家大事。

前殿早朝，后殿再坐，夜间召对，这几乎是太宗每天的工作。宋朝官员有十天一次的旬假，放假当天，太宗不上早朝，但仍然会到后殿听取宰执奏事。这样来看，太宗一年四季，几乎每天都在工作。

太宗规律的上朝活动，日后逐渐成为日朝制度。虽然不同的皇帝会根据实际情况，对上朝听政的频率有所调整，但总体而言，宋代皇帝都比较勤政，这确实是太宗传下的优良传统。

到了997年三月二十八日，五十九岁的太宗因身患重病，不得不取消了前殿早朝，但仍然到后殿处理政务。第二天是旬假，太宗依旧坚持在后殿召见了辅臣。当天夜里，太宗去世。可以说，太宗自登基以来，将勤政坚持到了自己生命的最后一刻。

宋太宗大兴文治，搞了许多质量很高的文化工程。他亲自规划，另辟新址，建成宏伟壮丽的崇文院，作为新的国家图书馆。太宗还组织编写了《太平御览》《太平广记》

《文苑英华》三部类书，这三部书与宋真宗
时编撰的《册府元龟》并称"宋朝四大书"，
对古籍文献的保存具有极为重大的意义。

科举与士大夫政治的曙光

虽然中国自汉代就有"分科举人，考试进用"的制度，隋文帝也曾下诏令地方分科荐举人才，但科举形成完备制度则始于唐初，五代、宋初相继沿袭。不过，科举只是当时朝廷选拔人才的诸多方式之一。但这一情况在宋太宗时发生根本性变化。

977 年正月，也就是太宗即位的两个多月后，第一次开科取士。这一榜被称为"龙飞榜"，破天荒地录取了 507人。而太祖朝总共才取士 455 人。

太宗后来又开了七次科，这八次科举考试共取士 5884人，平均每榜 735 人，是太祖朝的 24.5 倍。不仅如此，太宗时被录取的士人享受的待遇也极高，比如状元吕蒙正仅用了十一年，就当上了宰相。

太宗还对科举制度做了大量改革。比如实行"锁院"制度，主考官接受任命时便进入考场，与外界隔绝往来，防止请托贿赂；实行"糊名"法，将试卷上考生的名字和籍贯糊去。这些方法大大提高了科举考试的公平性，对今天的考试制度仍有启发。

> 宋代进士的第一名称为状元，第二名和第三名称为榜眼。进士被录取后要举行聚会，称为"期集"。在期集上，会选年龄较小的两人做探花使，又被称为探花郎。到了南宋时，榜眼成为第二名的专称，探花转而成为对第三名的称呼。

太宗大开科举之门，科举成为朝廷选拔人才的最主要途径，随即出现了人才井喷。到了太宗晚期，从中央到地方，到处都是通过科举进入官场的士人。这样的士人被称为"士大夫"。至此，宋朝彻底告别了五代遗风，迎来了士大夫政治的曙光。

宋太宗的独裁体制

宋太宗另一项对后世影响深远的改革，是在中央确立了二府三司制。

所谓二府，是指中书门下和枢密院。中书门下是宰相机构，又称政府、东府，简称中书。宰相之下还有副宰相，称参知政事，简称参政。枢密院别称枢府、西府，长官是枢密使，副长官为枢密副使等。参政与枢密院正副长官合称执政，执政与宰相又合称宰执。

太宗不信任位高权重的宰相，因而将亲信幕僚安插进枢密院，通过扶持枢密院来制衡宰相的权力。最极端时，如雍熙北伐，太宗全程只跟枢密院官员谋划定策，作为政府首脑的宰相居然连一点消息都不知道。

对于这样的局面，士大夫强烈不满。进士出身的知制诰田锡就曾向太宗抗议："哪儿有商讨边境战事，而不让宰相知道的道理！如果您觉得宰相才能不足，干吗不直接罢免？宰相如果胜任，又何必什么事都不跟宰相商量？"

直到晚年，太宗秉持"事为之防，曲为之制"的原则，重新划分了中枢机构的职权，规定由中书处理民政，枢密院掌管军政，又以三司负责财政。二府三司彼此互相牵制，而能够总揽民政、军政、财政大权的，只有太宗本人。

在登基时颁布的即位诏书中，宋太宗将宋太祖治国的政治原则总结为"事为之防，曲为之制"，意思是说所有的事情都要提前防范，所有的细节都要有所约束。纵观太宗在位的二十二年，无论是对武将的"将从中御"，还是对文臣宰相的削权；无论是中央的二府制，还是地方的路制，太宗始终对文武百官防范戒备，而防范的手段，便是通过制度对大臣形成制衡。

日本学者指出，太宗是宋代君主独裁体制的创始人。在这样的独裁体制之下，开国元勋如赵普、状元如吕蒙正，虽然贵为宰相，也只能唯太宗马首是瞻，难以发挥重要作用。

王小波、李顺起义

在宋太祖、宋太宗的治理下，宋朝国势蒸蒸日上。然而，蜀地老百姓却过得水深火热，这一地区变乱频发。

太祖灭后蜀时，由于军队劫掠，蜀地曾爆发规模巨大的兵变民变。尽管变乱很快被镇压下去，但蜀地军民对宋朝官府的怨愤并没有丝毫消解。

宋初对蜀地的经济压榨极为残酷。不仅后蜀时期的苛捐杂税被继承下来，一般的税负也较其他地区更重。更糟糕的是，宋朝在蜀地实行茶叶、布帛禁榷（官府专卖）制度。蜀地素以茶叶和蜀锦著称，许多人以生产和销售茶叶、布帛为生，朝廷禁榷后，不仅贩卖茶叶、布帛的小商人成批破产，大量茶农、布帛工人也因官府低价强制收购产品而陷入困境。

993年二月，破产茶商王小波在青城（今四川省都江堰市南）揭竿而起，高呼口号："我痛恨穷人和富人的财富不均，今天就为你们平均财富！"当时蜀地正闹饥荒，得不到救济的饥民云集响应。义军攻克青城县城，处死了贪官县令。年底，王小波在作战时中箭身亡，义军转由他的妻弟李顺统率。

李顺召集义军占领区的富人，勒令他们申报财产粮食，除留下生活必需部分外，其他的一律没收，分发给穷人，因此获得了贫苦百姓的拥护。994年正月，义军攻破成都，李顺称王，建立大蜀政权，义军达到十余万人。

直到这时，宋太宗才知道蜀地形势的严峻，急命心腹宦官王继恩率军入蜀。五月，宋军攻破成都，起义主力失败，李顺被擒杀（一说逃亡）。王继恩纵容宋军劫掠，逼得李顺旧部张余集结万余人再度起义。十一月，张余战败被俘杀，996年五月，张余的余部在王鸬鹚的领导下再度起事，宋廷被迫一面免除蜀地一切租赋，一面出兵围剿，才将王小波、李顺起义的余波彻底平息。

王小波、李顺起义，极大震撼了太宗。994年，太宗降成都府为益州，派进士出身的张咏出任知州。当时王继恩抓了许多"乱民"，要求张咏治罪，张咏却将他们都放了。王继恩大怒，张咏却说："之前李顺裹挟民众为贼，现在我和您把'贼'又转化为'民'，有什么不可的？"张咏在蜀中恩威并施，蜀人将他与李冰、文翁、诸葛亮共奉为治蜀名臣。后来张咏离任，蜀地再度发生民变和兵变，宋真宗派张咏再知益州，宋初蜀地叛乱不止的局面才彻底改善。

❀ 思　考 ❀

（一）武人、文吏、文士各有什么特点？这些特点对于治国理政有哪些积极和消极的影响？

（二）该如何评价宋太宗的勤政？

（三）该如何评价宋太宗的文治？

契丹立国

契丹是生活在今东北地区的古老民族，其渊源可以追溯到秦汉时的东胡。唐初，契丹已形成由八部组成的部落联盟，联盟首领称可汗，各部酋长称夷离堇，在形式上均由选举产生。

907年正月，契丹迭剌部夷离堇耶律阿保机被选为可汗。随后，他在汉人谋士的劝说下，逐渐废除了可汗选举制，并于916年正式称帝，定国号为契丹（后改为辽），是为辽太祖（916—926在位）。不久，辽太祖又命人创立了契丹文字。

920年，契丹人参照汉字，创制了契丹大字。后来辽太祖的弟弟耶律迭剌又创制了契丹小字。契丹文是辽朝的官方文字，不过契丹上层贵族在使用契丹文的同时，也大多通晓汉字。辽朝灭亡后，契丹文仍在部分契丹人中使用。1191年，金章宗下令废止契丹文；1218年，仍然继续使用契丹文的西辽王朝被蒙古攻灭。此后，契丹文逐渐失传。今天出土的辽朝碑刻中，有不少契丹文字资料，但是对契丹文的翻译解读至今仍较为困难。

契丹立国后，以皇都（今内蒙古自治区巴林左旗林东镇南波罗城）为都城，后来皇都改称上京，至今仍存在上京城遗址。不过，这里并不是契丹的政治中心。契丹皇帝始终保持着游牧民族四时迁徙、狩猎的旧俗。狩猎地的居所称为"捺钵"，即契丹语"行宫"的意思；皇帝的住处则称为"宫帐"。由于四季气候不同，四时捺钵的地点也不同。

四时捺钵中，最重要的是冬夏两次，军国大政往往都在这时的南北臣僚会议上做出决定。

契丹建国后积极对外扩张，第二任皇帝辽太宗耶律德光（927—947在位）更将目标转向了中原。936年，后唐的河东节度使石敬瑭为得到契丹的援助，不惜向辽太宗称臣，认这位比自己小十岁的皇帝为父，还许诺将北方边防重镇割让给契丹。辽太宗见有机可乘，便亲率五万铁骑支援石敬瑭，立其为后晋皇帝，并助其灭掉后唐。

石敬瑭割地，对中原王朝产生了极为严重的后果。这片土地包括以幽州（今北京市）、云州（今山西省大同市）为核心的十六个州，宋代以后称其为幽云十六州、幽蓟十六州或燕云十六州。这片区域依太行山北支余脉，兼有长城之固，易守难攻，为历代北疆边防重地。石敬瑭割地后，中原王朝尽失北方屏障，完全暴露在游牧民族的铁蹄之下。938年，契丹正式接收幽云十六州，并升幽州为南京，作为契丹的陪都。

石敬瑭死后，后晋拒绝继续向契丹称臣，结果被契丹灭掉。947年，已经占领中原腹地的辽太宗脱下契丹服饰，改穿中原皇帝冠服，在开封再度登基；又改国号为辽，改

年号为大同，显示出"天下大同"的雄心抱负。然而，契丹人在中原地区的烧杀掠夺激起了各地军民的反抗。辽太宗自知无法立足，被迫北返，于途中病逝。

不过，辽朝对以汉族为主体的幽云十六州的治理却相当成功。幽云十六州对契丹人意义重大，不仅是契丹威压中原王朝的军事桥头堡，更是其与中原文化交流的重要桥梁和窗口。随着十六州的并入，契丹贵族在维护本民族利益的同时，必须兼顾汉族各阶层的利益，于是形成了独具特色的南北面官制度。

所谓南北面官，其实就是分别按照各自的传统，治理契丹故地和汉地的制度。统领契丹事务的官僚系统称为北面官，统领汉地事务的则称南面官，可谓古代的"一国两制"。

南北面官制度顾及了不同地区、民族、社会的风俗习惯、发展水平，不仅缓和了民族矛盾，更推动了辽朝社会的发展，为辽朝长期与中原王朝对峙创造了重要条件。

🌀 高粱河之战

自石敬瑭死后，许多中原皇帝都将收复幽云十六州作为毕生追求。959年，周世宗收复了十六州中的莫（今河北省任丘市北）、瀛（今河北省河间市）二州。965年，宋太祖又设立专门用来存放皇帝私房钱的封桩库，准备存够三五百万贯钱后，就去跟辽国交涉，用这些钱赎回幽云故土和人民。倘若辽人不同意，便散尽封桩钱，招募勇士，在战场上一决雌雄！

太祖晚年，宋朝国力蒸蒸日上，宋军一再击败辽军。974年，辽朝终于和宋朝确立友好关系。然而，太祖并没有放弃幽云。他拒绝了群臣为他拟定的尊号"应天广运一统太平圣文神武明道至德仁孝皇帝"，告诫臣民："幽燕未定，何谓一统！"

可惜天不假年，太祖抱憾而终。"一统太平"的任务只好交给了太宗。

979年五月，太宗灭掉北汉后，不顾宋军人困马乏、粮饷将尽，毅然发动伐辽战役。六月二十三日黎明，宋军兵临幽州城下，开始围攻。可是半个月过去了，宋军仍然

无法破城；由于准备不足，宋军的补给也出现了问题。一鼓作气，再而衰，三而竭，本来就很疲惫的宋军士气更加低落。

七月初，辽将耶律休哥率领援军到达幽州前线。六日，耶律沙进军幽州城下，与宋军战于高梁河（今北京市区西直门外）。太宗亲自督战，双方激战至黄昏，眼见耶律沙不支而退，宋军刚松一口气，却突然遭到耶律休哥和耶律斜轸伏军的猛烈攻击。太宗急调围城部队迎敌，但幽州城内的

辽军见援军已到，便大开城门发兵助攻。

在数路辽军的猛攻下，宋军全线崩溃。七日黎明，大腿中了两箭的太宗丢下军队，狼狈南逃。到涿州后，太宗因伤势太重，无法骑马，改乘驴车继续南逃。群龙无首的宋军被辽军追杀三十里，战死一万余人。

宋朝第一次收复幽云的战争，以溃败惨淡收场。

雍熙北伐

986年初，宋太宗再度发动北伐。由于当年是雍熙三年，因此这场战争被称为雍熙北伐。

此次北伐，宋军兵分三路。东路军兵力十余万，是北伐主力，以曹彬为主帅，出雄州（今河北省雄安新区）直逼幽州；中路军以田重进为帅，出定州进击蔚州（今河北省张家口市蔚县）；西路军则以潘美为主帅、杨业为副帅，出雁门关而进攻山后诸州。曹彬是北伐的主帅，三路大军总兵力达到二十余万。按照计划，东路军需步步为营，牵制辽军主力；中、西两路乘机迅速攻城略地，然后向东路靠拢；

最终，三路大军会师，收复幽州。

这份计划是太宗和枢密院的官员秘密制订的。与高梁河之战相比，雍熙北伐经过了精心准备，无论战略部署、统帅配置，还是补给运输、时机选择，都堪称完善。

战争开局非常顺利，中、西两路军先后收复五个州。东路军将士却因尺寸之功未立，情绪躁动，要求加速行军。在主帅曹彬的纵容下，东路军突进至涿州。然而十余日后，东路军断粮，又被迫退回雄州；随即再度出兵，经过二十余日再克涿州。几番折腾，大仗还没打，东路军将士已经身心俱疲。

曹彬素以稳重著称，怎么会出现如此严重的失误呢？因为曹彬心有余悸。太宗即位后，逐渐将枢密院官员换成了自己昔日的幕僚。为了让时任枢密使的曹彬去职，太宗的亲信诬蔑曹彬甚得军心，军队只知有曹彬，不知有朝廷。正因如此，雍熙北伐期间，曹彬才不敢及时约束军中士兵，以避免遭到太宗的猜忌。

东路军第二次占领涿州后，与耶律休哥率领的辽军对峙。宋军外无援军，内无粮草，加上萧太后亲率的辽国援军将至，曹彬被迫再度放弃涿州，带领涿州百姓向南撤退。

宋军行至岐沟关（今河北省涿州市松林店镇岐沟村），与辽军对垒，双方的战场很快变成了辽军单方面的大屠杀。宋军溃不成军，将兵不相统属，在拒马河被辽军追上，仅在溃逃中淹死的宋军将士便不计其数。

太宗闻讯，痛心疾首地对大臣说："卿等一起看看，朕从今以后还干不干这样的事（指北伐幽云）！"

986 年十二月，辽军对宋朝进行报复性攻击，宋军在君子馆（今河北省河间市西北）全军覆没，数万将士丧生。宋廷朝野震惊，自此军民斗志全无。

清代学者李塇曾评价说，自从宋太祖去世后，"天下不能混一矣！"高梁河、岐沟关、君子馆等大败，说明太宗确实缺乏军事能力。不过宋军在防御战争中，也取得了一些胜利。宋不能收复幽云，辽同样也不能占据河北。虽然辽朝始终压宋朝一头，但双方大体仍保持均势。

为阻止辽军南下，宋太宗采纳雄州知州何承矩的建议，在西起保州（今河北省保定市）东至泥姑寨（今天津市滨海新区）的九百里间，利用河淀塘泊，疏通蓄水，构筑塘堤，使契丹骑兵不能发挥优势。这个防御体系号称"水长城"，对防辽起到了一定作用，但效果仍然有限。

宋太宗非战将出身，始终缺乏驾驭武将的自信。战争中，宋军各路大军往往不设置统一的前线指挥，握有统一指挥权的是远离前线、坐镇都城的太宗本人，这导致诸路人马无法及时有效配合。出征前，太宗将自制的阵图授予将领，要求他们按照阵图布阵。然而战场瞬息万变，将领需要根据实际情况灵活指挥，阵图大大束缚了他们的手脚；以当时的交通、通讯手段，前线又无法与朝廷及时沟通。加之太宗军事素养不足，外行指导内行，这种"将从中御"的统兵手段极大削弱了宋军的战斗力。

杨业与陈家谷之战

在雍熙北伐中，还有一场令人热血沸腾却又出离愤懑的战斗，便是陈家谷之战。

杨业归宋后，出任知代州（今山西省忻州市代县）兼三交驻泊兵马部署，作为潘美的属下，防御辽朝进犯。980年，他与潘美在雁门关（位于代县北）大破前来进犯的辽军；两年后，杨业再度在雁门关破敌，甚至追击辽军入辽境。

雁门关大捷后，杨业被称为"杨无敌"，威名响彻辽境，辽军甚至一见杨业的旗帜，掉头便走。然而，杨业的赫赫战功却引起潘美的嫉妒，他暗中向宋太宗上书，指责杨业的过失。太宗非但不以为意，反而将这些上书全部转交给杨业，以示对他的信任。

986年，杨业作为西路军副帅，随主帅潘美参加雍熙北伐。战争最初进展顺利，西路军一度收复了四个州。但随着东路军溃败、中路军撤军，西路军的形势一下危急起来。当时，西路军还担负着掩护四州居民迁入内地的重任。面对辽将耶律斜轸的十余万重兵，杨业指出，宋军不应正面迎战，并制订了具体可行的作战计划。

然而，监军王侁却斥责杨业胆怯，不仅要求他出雁门关迎敌，还讥讽说："君侯向来号称'无敌'，现在统领数万精兵，却不敢迎战，不是有别的企图吧！"

由于潘美对王侁的纵容，杨业只得被迫出战。他悲愤地说："此战肯定不利。我是太原的降将，当时就该被处死了，主上却不杀我而让我统兵。我并非不敢迎敌，而是希望立尺寸之功，以报国恩。现在你们说我杨业避敌不战，那我就战死在阵前！"不过，杨业仍对潘美抱有一丝希望，他恳求潘美在陈家谷（今山西省朔州市西南）两侧设伏，以接应自己。

这本就是必败之役，但杨业和身边的将士英勇无畏。杨业对身边的一百余人说："你们都有父母妻子，跟着我去送死不值得，可以突围去还报主上。"众人激愤，无人离去。

杨业带领着百余人的宋军从中午杀到黄昏，且战且退，好不容易杀回了陈家谷。然而，陈家谷口却空无一人。原来，杨业出战后，王侁就率兵离开了陈家谷口，后来听说杨业战败，干脆就撤军了，而主帅潘美竟然也没有阻拦。

面对空空如也的谷口，杨业抚胸大哭。他知道，自己再也回不去了，事到如今，他只有以死明志！已经身受数十处创伤的杨业抖擞精神，带领将士冲回敌阵，奋勇厮杀，手刃辽兵数百人，最终因坐骑被辽军射中，坠马被俘。

耶律斜轸责问他道："你与我国较量了三十多年，现在有什么脸面来相见！"杨业叹息道："主上想让我守边抗敌，没想到我被奸臣逼迫，导致王师败绩，还有什么脸面活着！"自此，杨业绝食，三天后去世，首级被送到了辽朝。与杨业共同大战陈家谷的宋军将士全部阵亡，无一人生还，其中包括杨业的儿子杨延玉。

杨业牺牲后，北宋朝野愤懑。他被追赠为太尉、中书令、大同军节度使，因而世称"杨令公"（"令公"是对中书令的尊称）。王侁被罢官发配，但潘美只是无足轻重地被降低了荣誉头衔。

然而，公道自在人心。辽人后来在古北口为杨业建立了杨无敌庙，宋代更根据杨业的事迹，流传起"杨家将"的传奇。时至今日，杨门忠烈抗辽卫国的故事，仍然家喻户晓。

戏曲、小说《杨家将》与历史上的"杨家将"有渊源，但又并非完全相同。比如戏曲、小说里的杨业死于奸臣潘仁美的陷害，这显然是根据潘美对杨业嫉贤妒能、坐视其死而创作出来的。戏曲、小说里的杨二郎杨延朗与杨六郎杨延昭，在历史上其实是同一个人，都是指杨业的长子或次子。但与戏曲、小说中一样，历史上的杨业确实有七个儿子。戏曲、小说里的杨文广在历史上也确有其人，不过他并非杨宗保的儿子，而是杨延朗的儿子。至于巾帼不让须眉的杨门女将，则皆为杜撰，于史无征了。

❀ 思　考 ❀

（一）幽云十六州对辽朝社会发展有哪些关键影响？

（二）从高梁河之战到君子馆之战，导致宋军一败再败的关键因素是什么？

（三）陈家谷之战明知必败，杨业仍然选择奋勇抗敌，你觉得杨业的选择值得吗？为什么？

第二章

士大夫政治的黄金时代

因为宋太祖对读书的倡导和宋太宗对科举制度的推广，宋朝的文治色彩日益浓厚。在这片土壤的滋养下，作为文化精英的士大夫开始崭露头角。到了宋太宗后期和宋真宗时期涌现出一批品德高尚、能力出众又富有家国情怀的优秀士大夫。宋朝第一个治世也在他们的推动下如期而至。

第一节 士大夫与咸平政治

　　因为宋太祖对读书的倡导和宋太宗对科举制度的推广，宋朝的文治色彩日益浓厚。在这片土壤的滋养下，作为文化精英的士大夫开始崭露头角。到了宋太宗后期和宋真宗时期涌现出一批品德高尚、能力出众又富有家国情怀的优秀士大夫。宋朝第一个治世也在他们的推动下如期而至。

直言敢谏的寇准

　　寇准字平仲，是北宋著名政治家。在后世文学作品中，经常把寇准误认为山西人，称他为"寇老西儿"，其实寇准是华州下邽（今陕西省渭南市东北）人。他为人刚正不阿，敢于直谏，颇受宋太宗器重。

有一次，寇准在殿中奏事，与太宗争执不休。太宗大怒，拂袖而去。寇准不但没有被太宗的态度吓住，反而上前一把拉住太宗的衣服，让太宗回到座位上继续议事。直到太宗批准了寇准的奏章，寇准这才退下。太宗因此而对寇准刮目相看，称赞说："朕得到了寇准，就像唐太宗得到了魏徵啊！"

太宗曾在高梁河之战中受伤，这些创伤在太宗晚年一再危及他的生命。因而，确立储君，刻不容缓。994 年九月，太宗向寇准咨询立储之事。太宗问道："朕的哪个儿子可以继承天下？"寇准回答："陛下为天下选择君主，不能听信妇人和宦官的，也不能听信近臣的，只能选择符合天下人意愿的人来继承皇位。"太宗低头想了一会儿，才屏退左右，问道："襄王怎么样？"寇准答道："知子莫如父，陛下既然觉得可以，那就希望您马上做决定。"

襄王，就是太宗的三子赵元侃。在寇准的支持下，太宗以赵元侃为开封尹，改封寿王；次年八月，又把元侃改名为恒，正式立为皇太子，同时兼判开封府（兼任开封长官）。

这是自唐末以来，中原王朝近百年间首次册立皇太子。消息传出，人们非常高兴。特别是都城开封的居民看到赵恒的风采后，都高兴地说："真是社稷之主！"

然而，当时的皇后李氏因曾收养过太宗长子赵元佐，便想立元佐为太子。李皇后听说赵恒得民心，就把事情告诉了太宗。太宗果然不喜，对已升任参政的寇准说："四海心归太子，那要置我于何地？"寇准回答："陛下您本来就是要选一个值得托付的人，现在选了一个社稷之主，这是万世的福气啊！"在寇准的开导下，太宗才算消气。

明代思想家李贽曾感慨道："要不是寇准居中调停，谁知道会不会又发生自刎之祸！"（指宋太祖之子赵德昭因受到太宗猜忌而自尽的事。）在册立赵恒为太子一事上，寇准发挥了积极作用。

大事不糊涂的吕端

太子确立后，宋太宗准备起用吕端为相。有人说吕端太糊涂，当不了宰相。太宗却回答："吕端小事糊涂，大事不糊涂。"

997年三月，太宗病情恶化，吕端入宫探视，发现太子赵恒不在宫中，急忙在笏板上写了"大渐"两个字，暗中派亲信通知赵恒立即进宫。

笏板是古代臣子觐见天子时手中所持的狭长的板子。上朝面君时，大臣可以把要奏报的内容写在笏板上，也可以将皇帝说的话记在笏板上。大臣根据自己的级别，使用玉、象牙或竹子制作的笏板。笏板最早见于《礼记》，到明朝仍然使用。清朝建立以后，才废弃了笏板。

与此同时，李皇后与宦官王继恩、参政李昌龄、翰林学士胡旦结党，准备拥立赵元佐。（寇准曾劝太宗立太子"不能听信妇人和宦官的，也不能听信近臣的"，即为此。）三月二十九日，太宗驾崩，李皇后派王继恩到中书召吕端。王继恩想利用这个机会让赵元佐率先登基，自己也好获得拥戴之功。不料，吕端早就看穿了一切，他骗王继恩说要去阁中取太宗的诏书，乘机把王继恩锁在里面，自己迅速进宫。

见到吕端，李皇后说："皇帝已经去世，立长子为皇帝，是顺理成章的，你看怎么样？"长子，就是赵元佐。吕端反驳道："先帝立太子，就是为了今天。哪儿允许有别的意见！"李皇后默然不语。吕端派人把太子赵恒请来，立即登基。

举行登基仪式时，赵恒坐在帘子后面，吕端作为宰相率领百官朝见，却没有立即行君臣参拜大礼。原来，吕端怕李皇后在背后调包，万一帘子后面坐着的不是赵恒，而是赵元佐或别的什么人，到时候参拜大礼已行，君臣名分已定，一切悔之晚矣。于是，吕端请求将帘子卷起来，自己亲自登上台阶，看清楚坐在宝座上的确实是赵恒，这才放心，率领百官行跪拜大礼。

这位赵恒，就是宋代的第三任皇帝宋真宗（997—1022在位）。真宗能够顺利即位，确实是应了太宗的那句话——吕端大事不糊涂。

圣相李沆与咸平之治

宋真宗即位后不久，宰相吕端因年老辞职。继之为相的张齐贤和李沆均为科举进士出身。特别是李沆，真宗做太子时，他是真宗的老师，两人结下了深厚的师生情谊。李沆成为宰相后，真宗对这位老师几乎言听计从。

李沆奉行清静无为的治国方针。真宗曾问李沆："治理国家，什么最重要？"李沆回答说："不用浮薄新进喜事之人，这是治理国家首先应做到的。""浮薄新进喜事之人"，指那些喜欢标新立异、经常轻率地提出新建议的人。

李沆的治国思路很明确：休养生息，政事从简，减少对百姓的骚扰，让社会在稳定中恢复发展。从唐末五代至宋初，始终战乱不断，李沆的休养生息政策，适应了社会的需求。

李沆对国家清静无为，对皇帝却积极有为。他经常向真宗汇报全国灾祸民变的事情，真宗每次听完都很闹心。同僚们劝李沆要向皇帝"报喜不报忧"，李沆却说："人主哪能有一天没有担忧和恐惧呢？如果没有了担忧和恐惧，那他什么事都干得出来！"原来，李沆是通过给真宗灌输危机意识，来防止真宗懈怠政务，胡作非为。

当时，由于党项李继迁的袭扰，宋朝的西北始终硝烟弥漫。参知政事王旦感慨道："什么时候才能天下太平，咱们也好轻松无事。"李沆闻言，却不无忧虑地说："等到日后四方真的安定下来，朝廷未必会太平无事。"

真宗想立自己宠爱的刘氏为贵妃，于是写了一封亲笔信派人交给李沆，让中书草拟诏书。没想到李沆当着来人的面把信烧掉，说道："你回去就说臣李沆不同意。"这事情后来不了了之。

1004 年，李沆去世，享年五十八岁。真宗亲自吊唁，悲痛万分。李沆为相六年，一定程度上能够左右真宗的决策，当时政治清明，经济繁荣，国泰民安，时人称李沆为"圣相"。这一时期，由于真宗使用的年号主要为咸平（998—1003），故而有"咸平之治"的美誉。

从寇准到李沆，士大夫对政局的影响越来越大，在某些时候，他们甚至能够左右皇帝，左右国家的大政方针。经过太宗朝的扶持与成长，士大夫阶层在真宗朝逐渐成熟起来，开始成为宋朝政治舞台上真正的主角。

宋太宗时通过科举考试考中的进士，有不少在宋真宗时位极人臣，对北宋政局影响颇深。太宗朝980年的科举考试，便有"龙虎榜"之称。在这一榜的进士里，李沆、王旦、向敏中、寇准在真宗朝都做了宰相；治蜀名臣张咏也是这一年的进士。

❀ 思 考 ❀

　　（一）宋真宗前期的政治特点，与宋太宗时期有什么不同？为什么会产生这种差异？

　　（二）为什么在宋真宗时期，会出现李沆主导国家大政的现象？这对宋朝有什么影响？

澶渊之盟

第二节

女中豪杰萧太后

宋朝方兴日盛之时，雄踞北方的辽朝也渐渐进入全盛时期。

辽太宗耶律德光去世后，辽朝先后经历了世宗耶律阮、穆宗耶律璟、景宗耶律贤的统治。景宗自幼得病，常年不能视朝，许多大事都由皇后萧绰协助处理。萧绰小字燕燕，982年，景宗去世，其子圣宗耶律隆绪即位。圣宗时年十二岁，萧绰便以承天太后的身份摄政。辽朝皇后都选自萧姓贵族，杨家将故事里的那位萧太后，指的就是萧绰。

这时的萧太后也不过三十岁，却展现出高超的政治能力。一方面，她重用顾命大臣韩德让和耶律斜轸，积极笼络群臣；另一方面，她大胆起用汉人，积极推行汉化政策。988年，辽朝首开科举，打开了汉人进入辽朝统治阶层的科举仕途。

萧太后还对司法进行了改革。辽朝旧例，契丹人与汉人共案同罪时，重处汉人，轻罚契丹人。萧太后打破旧规，逐步推行契丹人与汉人同罪同判的司法原则。此外，她还对部族制、赋税制做了改革，将大量奴隶改为平民，推动了辽朝社会的发展。

传说萧太后小时候曾被许配给韩德让，摄政以后，萧太后与韩德让重归于好。韩德让手握军政大权，位极人臣，尽心竭力辅佐萧太后与圣宗。萧太后去世后，圣宗始终敬事韩德让。在萧太后、韩德让与圣宗的努力下，辽朝进入了全盛时期，辽宋关系也有了新的发展。

寇准力挽狂澜

1004年，圣相李沆去世。宋真宗准备起用潜邸旧臣毕士安为相，毕士安则极力推荐寇准。真宗认为寇准过于强势，不适合当宰相。毕士安力争道："能够舍身殉国、秉持道义、疾恶如仇的人，往往不被世俗喜欢。现在边患如此严重，就应该任用寇准这样的人！"不久，真宗正式任命毕士安和寇准同为宰相。

这年闰九月，萧太后与辽圣宗率军二十万大举南下，兵锋直指开封。宋朝君臣人心惶惶。参知政事王钦若是江南人，建议宋真宗到金陵（今江苏省南京市）避难；签书枢密院事陈尧叟是四川人，建议真宗迁往成都。对此，寇准坚决反对，他决绝地对真宗说："将献此二策的人斩首祭旗，然后出师北伐！如果用此二策，则人心崩溃，敌骑深入，天下哪儿还保得住！"

当时，告急的边报一日数次送入开封，寇准全部扣下，等积攒到一定数量才一起交给真宗。真宗见这么多的边报都在告急，心急如焚，忙问宰相如何是好。寇准认为，真宗必须立即御驾亲征。十一月，真宗正式出征，抵达澶州（今河南省濮阳市）。

澶州地跨黄河，有南、北两城，南城较大，又在黄河南岸，比北城更安全；但宋军主力都在北城布防。由于辽军已进抵澶州，多数朝臣都劝真宗留在南城。关键时刻，寇准再度力劝真宗过河，鼓舞士气。殿前都指挥使高琼说："陛下如果不过河，百姓们会像死了父母一样着急！"真宗半推半就来到澶州北城。当皇帝的御伞黄盖在北城城楼升

起的刹那，宋军将士欢声雷动，高呼："万岁！"

　　真宗后来回到南城，将军队全权交给寇准。寇准留驻北城，号令严密，将士畏服。为使真宗安心，寇准畅饮高歌，表现得从容不迫。真宗闻讯大喜，高兴地说："寇准如

此成竹在胸，我还有什么好担忧的！"

北宋后期的陈瓘后来评价说："当时要是没有寇准，天下就要南北两分了！"

澶渊之盟

辽军进围澶州后，智勇双全的辽军主将萧挞凛在阵前视察地形，不料被宋军的床子弩射死，辽军士气一落千丈。加之辽军孤军深入，审时度势的萧太后认识到，这场战争要依靠谈判来结束了。实际上早在辽军发兵之际，萧太后便通过宋朝降将王继忠，与宋朝保持着谈判渠道。

> 床子弩是弩的一种。大型床子弩如三弓床弩，通常配备三张弓，需要七十人才能拉开弓弦，装上弩箭。床子弩的弩箭也都有专门设计，比如三弓床弩使用的一枪三剑箭，外形比一般的箭要大得多，发射之后，威力惊人，可以一次贯穿三人！床子弩射程远、

威力大，据史书记载，宋初魏丕制作的床子弩，射程可由原来的七百步增至一千步（约合 1.57 千米）。北宋时期，床子弩是城池防守的重要武器。随着技术的进步，床子弩从南宋开始逐渐被淘汰。

　　宋朝方面，真宗因西北有党项边患，加上自己畏战，故而也赞成议和。他派出曹利用前去辽营谈判。临行，真宗对曹利用交代："领土是祖宗传下的基业，决不能割让！朕宁可拼死一战，也不答应割地！不过辽人想要钱财的话，倒是可以考虑。"真宗还表示，只要能结束战争，辽人要一百万两、匹的钱财也可以接受。曹利用当即表态："如果敌人不收回他们的非分要求，我绝不活着回来见陛下。"

　　寇准听说此事后，专门找曹利用嘱咐道："虽然主上允许给一百万，但是你去谈判，最多给三十万。超过三十万，我要你的脑袋！"

　　经过双方使臣的多次往来和讨价还价，宋辽双方最终于十二月（1005 年 1 月）达成和议共识：

宋朝每年给辽朝白银十万两、绢二十万匹，总计三十万两、匹；

宋真宗尊萧太后为叔母，辽圣宗尊宋真宗为兄，宋辽结为兄弟之国，互称南北朝；

双方各守疆界，互不侵犯；

双方不得收留对方的逃亡人员；

双方不得构建针对对方的军事设施。

这次议和，史称"澶渊之盟"。此后一百多年里，尽管宋辽之间偶有摩擦，但和平交往已经成为两国官方和民间的主流，对两国的社会发展产生了积极影响。

宋辽贸易与草原丝绸之路

辽朝庆州释迦牟尼佛舍利塔，位于今天内蒙古自治区赤峰市巴林右旗境内。1988年至1992年，考古工作人员在这座塔的塔刹（塔的最高处）内发现了大批沉香、乳香等香药。香药是佛教重要的供养品，契丹人中有不少人信奉佛教，香药对于他们来说是必备用品。

这些香药原产于今天的东南亚各地，通过贸易进入宋朝，然后被宋人转手卖给辽人。小小的香药，不仅将宋朝与辽朝联系在一起，更将两个政权与世界联系在一起。

其实，宋辽贸易由来已久。哪怕是两国大打出手的宋太宗时期，互通有无的边境贸易依然时断时续。辽朝从宋朝进口茶叶、瓷器、漆器、丝绸、香药、珍珠、犀角，宋朝则从辽朝买入羊、骆驼、布匹、马具、北珠。

宋人很早就发现贸易对于宋辽关系的重要性。雍熙北伐失败后，殿中侍御史赵孚曾向宋太宗指出，贸易畅通是维持宋辽两国长久和平的重要筹码。辽人对宋辽贸易也很重视，甚至在 1002 年主动请求宋朝开放边境贸易。有日本学者甚至推测，10 世纪末萧太后与辽圣宗屡次袭扰宋朝，目的就是逼迫宋朝长期维持边境贸易。

澶渊之盟订立后，宋辽之间的军事对抗基本结束，和平的环境促进了边境榷场贸易的恢复和发展。榷场是两宋时期各政权在边界设置的市场。一方面，农牧民族之间需要贸易，互通有无；另一方面，榷场由政府经营，既可通过榷场控制边境贸易，又可以通过榷场贸易获得巨额收入。

澶渊之盟后，宋朝在境内的雄州（今河北省雄安新区）、霸州（今河北省霸州市）、安肃军（今河北省保定市徐水区）、广信军（今河北省保定市徐水区西），辽朝在境内的新城（今河北省高碑店市新城镇东南），都设有用于宋辽贸易的榷场。榷场贸易使两国互惠互利，谁都不愿意轻易开战了，成为维持双方和平的重要保证。

根据盟约，宋朝每年需要向辽朝支付十万两白银和二十万匹绢（后增至二十万两和三十万匹）的"岁币"。不过，辽朝在与宋朝进行大宗贸易时用白银支付，由于辽朝进口的商品多于宋朝，因而不少白银又从辽朝回流至宋朝。

辽朝也从贸易中获得了好处。通过对草原商路的经营，辽朝与位于我国境内的西夏、高昌回鹘等政权，以及位于中亚、西亚的大食国（阿拉伯帝国），南亚的狮子国（今斯里兰卡）等都保持着密切的贸易往来。依靠这条"草原丝绸之路"，中亚的西瓜、中东的玻璃制品，甚至北欧的琥珀饰品，源源不断地传入辽朝；随后又通过宋辽贸易，流通到宋朝。

在草原丝路上，丝绸是辽朝出口的大宗商品，白银则是其进口时的重要支付手段，而百余年间，辽朝仅依靠澶渊之盟的岁币，就从宋朝直接获得近两千万两白银和三千余万匹绢，对于辽朝经营的草原丝绸之路具有积极意义。

1009年，萧太后去世，辽圣宗亲政。圣宗继承了萧太后的基本政策，对内进一步推进汉化改革。他还仿照汉人城市，修建了中京大定府（今内蒙古自治区赤峰市宁城县大明镇）。对外，除了与北宋、西夏继续保持和平外，对西部的鞑靼、甘州回鹘和东部朝鲜半岛上的高丽王朝发兵征讨，迫使其称臣纳贡。辽朝进入全盛时期。

❋　思　考　❋

（一）为什么说萧太后是一位伟大的女政治家？

（二）与汉唐时期对少数民族政权的和亲政策相比，宋朝对辽朝的政策有什么新特点？为什么会产生这样的新特点？

第三节 士大夫群体登上政治舞台

东封西祀

澶渊之盟订立后，宋真宗颇为得意，对寇准敬重有加。寇准也以功臣自居，甚至跟真宗夸耀："陛下要不是听从了我的意见亲征，哪里会这么快过上太平日子！"

曾力主南逃的王钦若因与寇准有隙，早已被罢去参知政事。真宗对寇准的言听计从，引起了王钦若的嫉妒与不安。一日，真宗目送寇准退朝，一旁的王钦若突然问道："陛下敬重寇准，莫非他对社稷有功？"真宗闻言非常诧异，王钦若接着说，"签订城下之盟，即使是春秋时期的小国之君也感到羞耻，陛下贵为天下之主，却被迫签订城下之盟，还有比这更耻辱的事情吗？"王钦若还说，"陛下知道赌博吗？钱快输光的时候，赌徒总会孤注一掷。您当时就是寇准的孤注，太危险了！"

王钦若这一番挑拨离间，极大地刺痛了真宗。寇准总是居功自得，真宗越发不快。加之寇准为相期间，为人处世过于强势，也引起了同僚的不满。到了1006年，真宗将寇准罢相，王钦若复任参知政事。

真宗害怕澶渊之耻会削弱自己的权威，王钦若劝真宗："只有举行封禅大典，才能镇抚四海，夸示戎狄。"封禅是古代皇帝最隆重的典礼，"封"指登上泰山祭天，"禅"指在泰山下的小丘祭地。通常，只有建立大功业的皇帝才有资格封禅。王钦若却表示，只要"天降祥瑞"，真宗同样能够封禅。1008年，真宗与王钦若导演了"降天书"的闹剧，有了如此祥瑞，再也没人能够阻止真宗封禅了。

当然，封禅需要花钱，真宗也有所顾虑。他曾询问三司使丁谓朝廷的财政状况，丁谓奉承道："粗算一下，朝廷的钱绰绰有余。"这年十月，真宗率领百官带着"天书"前往泰山封禅；1011年，又于汾阴祭祀后土地祇；1012年，追尊编造的赵氏始祖"九天司命真君"赵玄朗为宋圣祖；同时，大兴土木，修建供奉"天书"的玉清昭应宫。此后，各种狂热的迷信活动接踵而至。由于泰山在东，汾阴在西，人们便把这一系列活动称为"东封西祀"。《宋史》评价说，当时"一国君臣就像疯了一样"，而竭力讨好真宗大搞迷信活动的王钦若、丁谓等五人，被时人斥为"五鬼"。

此时，已经升任宰相的王旦想起了当年李沆的预言。王旦既不像李沆那样是皇帝的老师，也不像寇准那样是先帝的重臣，因此在真宗面前，始终不敢像他们那般，强硬地阻止真宗的荒唐行为。

虽然如此，王旦也并非毫无作为。他开始有意识地挑选祖宗典故，利用宋太祖和宋太宗的权威性，作为自己抗衡真宗的武器。比如真宗一再想拜王钦若为相，王旦就是不肯，理由是："祖宗朝从来没有让南方人主持过国政。"

"五鬼"中有一个宦官叫刘承规，深受真宗宠信。当时，节度使是名望极高的荣誉头衔，真宗想授予刘承规节度使。王旦义正词严地说："陛下所坚守的是祖宗典故，可祖宗典故里并没有任命宦官为节度使的旧例，所以这件事恕难从命。"

在王旦的维持下，真宗后期的统治虽然荒唐，但朝局未有大变故。然而，随着 1017 年王旦去世、王钦若升任宰相，以及真宗身体每况愈下，宋朝的国势越发走下坡路了。

百密一疏

1019 年，恶名昭彰的王钦若终于被罢相。宋真宗同时将两位重要臣僚引入中书门下。一位是盛名在外的寇准，再度出任宰相；另一位是才干出众的丁谓，担任参知政事。

寇准曾非常欣赏丁谓的才干。早在咸平年间，他就多次向朝廷推荐丁谓。倒是时任宰相的李沆慧眼识人，他问寇准："观察丁谓的为人，能让他位居人上吗？"寇准不服气地反问道："像丁谓这样的人才，你能始终让他居于人下吗？"李沆只是笑着说："日后你要是后悔，应当想想我说过的话。"

不过，经历了东封西祀，寇准对丁谓的看法开始转变。入职中书后，一日，两人正在吃饭，寇准的胡子沾上了汤汁，丁谓连忙起身为寇准擦干净。寇准实在看不上丁谓这

副溜须拍马的架势，于是奚落道："参政，堂堂的国家大臣反倒来给长官擦胡子吗？"丁谓受此揶揄，转而开始嫉恨寇准。

这时的真宗因身患重病，朝政多委托皇后刘氏（民间称她为刘娥）协助处理。寇准认为此举不妥，并极力主张拥立太子赵祯监国；而丁谓则一味迎合刘皇后主政。两人在朝中拉帮结派，势同水火。

其实真宗也害怕刘皇后过度干政，会削弱自己和太子的权势。寇准看准时机，终于说服真宗，同意让太子监国。眼看大事将成，喜欢喝酒、性格张扬的寇准却在一次醉酒后，将如此机密要事泄露了出去。得知消息后，丁谓立即反扑。1020年，丁谓在刘皇后的支持下，将寇准逐出朝廷，自己升任宰相。

1022年二月，真宗驾崩，年仅十三岁的赵祯即位，是为宋仁宗。由于仁宗年幼，真宗遗命尊刘皇后为刘太后，暂时处理军国大事。宋朝进入刘太后垂帘听政时期。

〰 士大夫的"公论"

刘太后垂帘之初，丁谓权倾朝野。他提出朝中大事由太后和仁宗召见辅臣裁决，小事由宦官通过文书通报。如此，作为宰相的丁谓就可以阻断群臣与太后、皇帝的日常联系，从而独揽大权。

以参知政事王曾为代表的士大夫群体则要求扩大参与政治活动的空间。王曾数次以"公议""公论"来反对丁谓的意见。所谓公议和公论，指的是士大夫群体的舆论。宋初三朝，曾出现赵普、卢多逊、李沆、寇准、丁谓等权力较大的宰相。他们虽也属于士大夫，但往往个人色彩浓厚，并不代表士大夫群体。而随着越来越多的读书人加入士大夫行列，士大夫群体参与政治的愿望日益高涨，他们发出了自己的声音，形成了公议公论。

丁谓为人奸恶，民谣都说："欲得天下宁，当拔眼中丁；欲得天下好，莫如召寇老。"刘太后也不满丁谓擅权。于是王曾略施小计，终于促成刘太后于1022年六月罢免丁谓。对于王曾的做法，公论甚为支持。

丁谓被罢后，仁宗朝再未出现以个人力量影响朝政的士大夫权相。士大夫开始以群体的面貌正式登上政治舞台。

刘太后垂帘听政

　　刘太后罢免丁谓，拔掉了"眼中丁"，不过，为人强

势的她并没有召回远贬雷州（今广东省雷州市）的"寇老"。次年，寇准客死他乡。

　　罢免丁谓后，刘太后采用了王曾的建议，每五日一上朝，上朝时皇帝坐在左侧，自己坐在右侧，垂帘听政。

　　刘太后听政期间，一方面，倚重宦官、放纵外戚，颇受诟病；另一方面，也做了不少值得称道的事情，表现出

不俗的政治才能。

刘太后办的第一件大事，就是听从宰相王曾和参政吕夷简等人的建议，将"天书"随同宋真宗一同下葬，并禁止兴建宫观，彻底结束了真宗后期举国狂热的迷信活动。

此外，她兴修水利，发展农业；完善科举，兴办学校；严惩贪官污吏，范仲淹等一批廉吏应运而生。最有时代特色的举措，是于1023年发行了人类历史上第一种由官方发行的纸币——官交子，促进了经济发展。

刘太后曾想效法武则天称帝。1033年二月，她打算穿着皇帝的衮冕谒见太庙，受到臣僚抵制；最终，她穿戴改造后的皇太后衮冕拜谒了太庙。她也曾试探性地询问臣僚："唐代的武后是什么样的女主？"以耿直著称、时任参知政事的鲁宗道回答："是唐朝的罪人，几乎危及江山社稷！"又有大臣为了迎合她，献上《武后临朝图》，刘太后知道称帝不会获得士大夫支持，于是将图扔在地上，立即表态："我不做这种背负祖宗的事！"

1033年三月，刘太后去世，宋仁宗亲政。刘太后与辽朝的萧太后一样，都是当时颇具才干的女政治家。曾经反对刘太后干政的前宰相李迪，后来当面表示对她心悦诚服。

刘太后不仅扭转了真宗一朝后期的颓势，恢复了咸平时期的发展势头，更为后来的"仁宗盛治"奠定了基础。

　　　　民间广为流传着"狸猫换太子"的故事：真宗时期，刘妃和李妃同时怀孕，谁生下儿子谁就可能被立为皇后。李妃生下的皇子，被刘妃派人换成了狸猫。宋真宗以为李妃生了个妖怪，便将她打入冷宫，刘妃则因生下皇子而被立为皇后。谁料不几年，刘妃生的皇子夭折。当年被调包的李妃之子，辗转被八贤王收养。此时真宗无后，便将此子收为义子，并立为太子。真宗死后，太子即位，是为宋仁宗。李妃辗转逃离宫中，在钦差大臣包拯的协助下与仁宗相认。刘妃阴谋败露，惊惧而亡，包拯则被仁宗封为宰相。"狸猫换太子"只是民间故事。实际上，仁宗的生母李氏原本为刘太后的侍女，她生下的孩子被刘太后认为己子，这个孩子就是后来的仁宗。李氏在刘太后听政时期病逝，并被晋封为宸妃。刘太后去世后，仁宗才知道自己是李宸妃所生。至于包拯，当时正辞官在家，自然不是"钦差大臣"，更没当过宰相。

❋ 思 考 ❋

（一）寇准能够力挽狂澜却喜好夸耀，丁谓奸邪可恶却颇有才干，我们应该怎样认识政治人物的复杂性？

（二）从宋初到仁宗朝初期，士大夫在政治舞台上发生了怎样的变化？为什么会发生这样的变化？

第四节 宋夏战争与宋、辽、夏三足鼎立

🌀 西夏建国

宋真宗与宋仁宗之际，宋朝的内部秩序日益稳定下来，可西北边境的局势却在持续恶化。

党项人李继迁自982年叛宋以来，势力不断壮大，在宋太宗、宋真宗时期，多次击败宋军，不仅收复了定难军故地，更攻陷灵州（今宁夏回族自治区灵武市西南），改名西平府，并迁都于此。

1004年李继迁去世，其子李德明继位。他一面与宋议和，与辽结盟，创造良好的外部环境；一面发展经济，壮大实力；同时不失时机地开疆拓土，经略河西。到了晚年，

李德明迁都兴州（今宁夏回族自治区银川市），动了称帝的念头，却在1032年突然病逝，其子李元昊继位。

元昊在理论上仍是宋朝的臣子，却公然"僭越"。他自称姓嵬名，改名叫曩霄；同时，将宋、辽册封的西平王或夏王的王号废去，而自称"兀卒"，有自尊天子大汗之意。1032年，元昊下秃发令，推行党项人的传统发型，规定境内三日不秃发者皆可杀。同年，升兴州为兴庆府，改革官制、兵制和礼制，为称帝做最后的准备。1036年，元昊命人创立文字，党项民族的文化越发成熟。

元昊时创立的文字，今天一般称为西夏文。当时用这些文字写成的文献，为我们揭开西夏的神秘面纱做出了巨大贡献。其中，黑水城文献尤为重要。黑水城位于今内蒙古自治区阿拉善盟额济纳旗境内，原为西夏西部的边防要塞。1909年，俄国人科兹洛夫在黑水城遗址发现了大量西夏文献，轰动世界；此后，英国人斯坦因来此挖掘；20世纪30年代，我国也在考古发掘中获得了一定数量的西夏文献。黑水城文献既有西夏文的，也有汉文、藏文、蒙文、波斯文的；其中 90% 以上都是西夏文佛经，此外还有文学作品、语言文字、法典兵书、类书史书、汉文典籍等西夏文译本，对于研究西夏历史具有重大意义。目前，黑水城文献主要收藏在俄国、英国和我国。

1038 年十月，嵬名元昊正式称帝，国号大夏，改元天授礼法延祚，是为夏景宗。他追尊祖父李继迁为夏太祖、父亲李德明为夏太宗。因夏国地处宋朝之西，故史称西夏。宋、辽、夏三足鼎立的形势正式形成。

韩琦与范仲淹守边

西夏立国，宋朝文武大臣力主出兵，以为旦夕可平。只有右正言吴育主张，可以援引宋太祖对待江南藩国的旧例，更改对西夏的称谓，暂时安抚元昊，再找机会收服他，

结果却被宰相张士逊嘲笑为精神病。

1039 年十一月，元昊向延州（今陕西省延安市）知州兼鄜延、环庆路安抚使范雍假意求和，然后乘范雍不备，率军入寇，范雍急调刘平等驰援。1040 年正月，刘平率一万余人到达三川口（今陕西省延安市西），遭遇夏军，双方展开激战。刘平左耳、右颈中了流矢，仍然镇定指挥。刘平所部一万人中还包括石元孙、黄德和的队伍，黄德和见势不妙，率军逃走，宋军全线溃败，刘平兵败被俘。

宋廷闻讯，朝堂震惊。为了应对战争，宋仁宗征调大量部队、粮草到西北，还要求边事由中书与枢密院共同商议，同时调整了人事部署：以三朝元老晏殊为知枢密院事，职掌枢密院；以自己的老师夏竦任陕西经略安抚使，为西北前线统帅；以韩琦和范仲淹为安抚副使，分别知泾州（今甘肃省平凉市泾川县）和延州，作为夏竦的副手。

别看是副手，范仲淹和韩琦却对西北战局产生了更重要的影响。范仲淹（989—1052）字希文，苏州吴县（今江苏省苏州市吴中区、相城区）人。他幼年丧父，母亲改嫁后，随继父改姓朱氏。后经寒窗苦读，进士及第，恢复范姓。范仲淹以秉公直言著称，曾因得罪宰相吕夷简而遭贬斥。任地方官期间，政绩卓著。范仲淹还拥有较高的军事素养。这次他被派往延州主持军务后，便打破了旧有编制，将辖区内主将、副将、监军手中的一万八千名士兵重新分给六将，每将率三千人分部训练，这成为日后王安石变法时"将兵法"的滥觞。此前，夏军来犯，宋军总是官位低的将领先领兵出战，官位高的将领后领兵出战。范仲淹则改为依据夏军多少，派相应的将兵抗击。经过范仲淹的改革，延州守备大大加强，夏人不再染指延州，并说："别打延州的主意了，现在的小范老子（指范仲淹）腹中有数万兵甲，没当年的大范老子（指范雍）那么好骗喽。"

韩琦（1008—1075）字稚圭，相州安阳（今河南省安阳市）人。他早年做谏官，曾在灾荒时，因四名宰执束手无策，上疏弹劾，致使四人同日罢职，人称"片纸落去四宰执"，韩琦自此名闻京师。此次韩琦与范仲淹共同负责西北防务，时人合称"韩范"。当时西北边塞有首歌谣说道："军中有一韩，西夏闻之心骨寒。军中有一范，西夏闻之惊破胆。"

然而，在对夏是攻是守的问题上，范仲淹与韩琦的分歧却很大。韩琦主张集中兵力灭夏；而范仲淹认为宋军长期边防不修，战斗力不强，因此主张固守抗敌。这年底，仁宗召见韩琦，决定于次年正月发兵伐夏；但当他读了范仲淹的奏章后，又发生动摇。等韩琦回到陕西，才发现仁

宗已经允许范仲淹暂缓出兵。优柔寡断的仁宗在关键时刻
和稀泥，让刚毅果决的元昊掌握了战略主动。

富弼使辽与庆历增币

1041年二月，元昊率十万夏军攻宋，韩琦急命任福率一万余人截断夏军后路，并一再嘱咐任福不要轻兵急进，小心埋伏。任福遭遇夏军后，夏军一触即溃，丢下马、羊、骆驼就跑。任福乘胜追击，不料一头扎进元昊在好水川（今宁夏回族自治区固原市隆德县西北）设下的埋伏圈。双方从清晨激战到正午，任福战死，六千宋军将士殉国。韩琦因此遭到降级处分。

好水川大败，使宋仁宗终于下定决心转攻为守。这年十月，朝廷将西北分为四路，分别以庞籍、范仲淹、王沿、韩琦分知四路帅府所在的州，各兼本路兵马都部署。

可是仁宗很快又陷入徘徊：下一步，究竟是和，还是战？仁宗倾向于和，但"帮助"他下定决心的，却是大宋的"兄弟之国"——辽朝。

1042年正月，乘着宋夏交战，辽兴宗屯兵于宋辽边界，要求宋朝"归还"当年被周世宗"占领"的关南之地。穷于应付的宋仁宗派知制诰富弼赴辽谈判。

富弼（1004—1083）字彦国，西京河南府（今河南省洛阳市）人。他素怀大志，范仲淹曾称赞富弼有王佐之才，并将他推荐给了晏殊。晏殊对富弼大为赞赏，便招他做了自己的乘龙快婿。这次富弼在接到仁宗的任命后，慨然道："主忧臣辱，臣不敢爱惜自己的生命！"

富弼先后两次出使辽朝，态度坚决，据理力争，辽兴宗始终无法逼迫宋朝割地。到了九月，双方最终达成新的约定：澶渊之盟规定的岁币数额，白银由十万两增至二十万两，绢由二十万匹增至三十万匹。宋向辽输送岁币，改称为"纳"。由于1042年是宋朝庆历二年，辽朝重熙十一年，因此宋人将这次修约称为"庆历增币"，而辽方则称为"重熙增币"。

富弼在国家危难之际，赴辽谈判，坚决捍卫宋朝的尊严，最终不仅避免了宋辽开战，也使辽朝放弃了让宋朝割地的无理要求。富弼第一次使辽时，恰逢女儿暴亡；第二次使辽时，又赶上儿子出生，他都不顾而行。仁宗对富弼非常欣赏，几次要给他升迁，却都被拒绝了。富弼说："增加岁币并非臣的本意，只因我们在讨伐元昊，无暇与辽人较量，所以臣不敢以死与辽人相争。现在要给臣升迁，臣怎敢接受呢！"

宋辽修约之际，宋仁宗对西夏的态度，完成了由"守"向"和"的转变。那么，元昊对宋辽的和解是什么反应呢？

庆历和议

1042年闰九月，宋辽修约一个月后，元昊再度犯边，泾源路副都部署葛怀敏率军迎敌，在定川寨（今宁夏回族自治区固原市北）被夏军包围。最终，葛怀敏以下多员大将战死，近万余士兵被俘。败报传入朝廷，宰相吕夷简不禁大呼："一战不如一战，可怕！"

西夏虽然在军事上连战连胜，在经济上却一塌糊涂。和平年代，西夏可以从宋朝获得大量岁赐，还可以通过边境贸易获得粮食、布匹、茶叶等生活必需品。现在两国开战，贸易停摆，商品稀缺，物价昂贵，西夏从贵族到百姓，都吃不消了。常年征战，又使西夏军民死伤惨重，兵力和劳动力无法补充。特别是宋辽修约后，西夏与两国的关系也出现了微妙变化。事已至此，于宋于夏，和谈都是结束这场战争的唯一出路。

1043 年，宋夏两国开始和谈。宋朝要求西夏称臣，元昊却按党项风俗，在国书中自称"兀卒"，甚至后来改写作"吾祖"。宋朝文臣大怒，知谏院蔡襄对宋仁宗说："'吾祖'，就好像在说'我祖宗'。现在就算元昊称臣，他上书朝廷的时候自称'吾祖'，朝廷赐下的诏书也称'吾祖'，这说的都是什么话！"

当时，仁宗已经改组了二府，新上任的宰相晏殊、枢密副使范仲淹力劝仁宗答应请和；而当初主攻、如今也是枢密副使的韩琦，坚决反对议和。就像当年二府为了攻守吵了一年没结果一样，这一次又吵了一年，依然没结果。

最后的结果，还得靠"契丹兄弟"来"帮忙"。就在宋夏议和之际，辽夏发生纠纷，关系急剧恶化。1044 年，辽兴宗决定伐夏，并将消息告诉了宋朝。元昊害怕辽宋结盟，自己腹背受敌，遂急忙向宋称臣。漫长的和谈总算修成正果，这年十月，双方约定：宋朝册封元昊为西夏国主；宋每年赐绢十三万匹，银五万两，茶两万斤，其他岁时常赐银两万两，银器两千两，绢两万匹，细衣着一千匹，杂帛两千匹，茶一万斤；恢复边境贸易。长达六年的宋夏战争，随着庆历和议的达成终于告一段落。

最终的结局，不过是当年那个被嘲笑为精神病的吴育所提的建议：更改西夏国号和官职称谓的名字，找时机安抚收服元昊。

※　思　考　※

（一）为什么宋朝在对夏战争中连续三次大败？

（二）如何理解在宋、辽、夏三足鼎立的形势下，三国关系的变化？

（三）对于西夏战事，为什么宋仁宗和宰执集团总是迟迟不能做出决断？这暴露出什么问题？

第五节 庆历新政

冗兵、冗官、冗费

宋夏战争暴露出宋朝在军事方面存在严重缺陷。澶渊之盟后，宋军士兵疏于训练，战斗力低下；又实行更戍法，使得兵不识将、将不识兵，将领在军中没有威信，往往临阵指挥失灵。而宋真宗、宋仁宗一如既往地执行宋太宗以来"将从中御"的办法，要求前线将领按照皇帝颁发的阵图打仗，再加上战时各级军事统帅往往由文臣出任，宋军战斗力再难恢复到宋初的水平。

被宋太祖称为"百代之利"的养兵政策，此时也已成为严重问题。在"养兵"的指导思想下，宋军规模越来越大。太祖晚年，宋军总共才不到三十八万人，而到仁宗皇祐年间（1049—1054），军队规模已达到一百四十一万人，士兵占全国人口的 6.32%。这一百四十一万人的吃穿住行，都靠朝廷的财政支持，给朝廷造成了巨大压力。养兵养出的"冗兵"，严重困扰着宋朝君臣。

除了冗兵，宋人还经常提到冗官和冗费。冗官，是指朝廷有大量多余的官。在真宗澶渊之盟前后，宋朝有官员一万人；到了仁宗中期，已达两万人。四十余年间，翻了一番。

造成冗官问题的原因之一，是北宋的官制。北宋前期实行官职差遣制度，机构臃肿，叠床架屋。比如管礼乐的，有礼部、太常寺、礼仪院和太常礼院；管司法的，有刑部、大理寺和审刑院。另外，如逢皇帝生日、祭天大典，甚至官员退休、死亡，官员都可以为子孙乃至门客求得一官半职，称为"荫补"，由此也产生了大量冗官。

养兵要花钱，养官同样要花钱，从而又出现了冗费问题。宋朝仅养兵一项就能花掉财政收入的 70%—80%，养官又花掉 20%，再加上土木工程、皇室挥霍等，冗费造成的入不敷出可见一斑。

冗兵、冗官、冗费，合称"三冗"。

积贫积弱

除了三冗，人们谈到宋朝还时常用到"两积"一词。两积，即"积贫积弱"。"积贫"，指的是长期积累的贫困，主要是指朝廷的财政危机；"积弱"，是说长年累月的衰弱局面。用积贫积弱来描述宋朝，始于1939年钱穆先生的《国史大纲》。

造成积贫积弱的原因是多方面的，三冗显然是原因之一。针对三冗问题，有识之士一直在提醒皇帝和朝廷注意。结果问题还没解决，宋夏战争就爆发了，捉襟见肘的财政雪上加霜，偏偏兵变和"民变"也来凑热闹。1043年五月，京东路（今山东、江苏一带）发生王伦兵变，王伦一度自立为帝。到了七月，好不容易击败了王伦，京西（今河南及陕西、湖北、江苏一部分地区）、陕西又爆发了张海等人领导的起义。八月，荆湖南路（今湖南一带）的瑶民也发动变乱。

遍地的变乱反映出社会矛盾日益尖锐，同时也表现出宋朝吏治的腐败。变军所过州县，官吏不是投降就是逃跑。比如王伦打到高邮军（今江苏省高邮市），知军晁仲约贴出告示，要求官民拿出金帛牛酒犒劳叛军；张海进入邓州顺阳县（今河南省南阳市淅川县南），县令甚至敲锣打鼓迎接义军，大摆宴席款待。

财政吃紧，变乱四起，吏治腐败，庆历年间的北宋危机重重，改革迫在眉睫，已经拖不起了。

庆历新政

1043年，宋仁宗将大量支持改革的官员引入朝廷中枢，其中包括枢密使杜衍，参知政事范仲淹，枢密副使韩琦、富弼，谏官欧阳修、余靖、蔡襄等。这年九月，仁宗询问治国方略，范仲淹提交了自己的改革纲领——《答手诏条陈十事》。为了减轻改革阻力，范仲淹指出推行改革是为了振兴"祖宗之法"，富弼则主张以祖宗典故作为施政指导方针。

> 宋人常常提到"祖宗之法"。理论上，宋太祖、宋太宗以来的施政惯例，都是祖宗之法。祖宗之法的目标是防微杜渐，寻求政治稳定，在宋代政坛上具有极高的权威性，但具体内容无法详尽概括。士大夫往往根据需求，对祖宗之法做出解释。祖宗之法对于维护稳定、开明的士大夫政治具有积极意义。不过，它也促使一部分士大夫形成固守旧法、不知变通的观念，从而导致国家行政施为滞缓的问题发生。

十月，在仁宗支持下，庆历新政拉开帷幕。新政的措施既涉及朝廷政令的加强，也关注社会民生的改善。

不过，范仲淹等人最重视的还是吏治问题，他们对官员的任用考核制度做了集中的改革。新政加强了对地方官员的考察监督，并要求根据官员的实际功绩、德善、能力和行为来进行提拔，杜绝官员因循守旧、碌碌无为。针对冗官问题，庆历新政还加强了对荫补的限制，如皇帝生日

不再荫补，官员子侄的荫补资格受到年龄限制，荫补官员还要通过考试。

这些整肃吏治的举措，由于直接关系到官员利益，因此推行起来阻碍重重，改革者必须雷厉风行方能实施。

范仲淹对各路监司官的选任就极为严格。他拿着监司名册一一核查，认为不称职的，就提笔勾掉其名字。富弼劝范仲淹说："你用笔一勾，这些被罢的官员一家子都得哭了。"范仲淹却说："一家子哭，哪比得上一路的百姓都哭！"

这样的改革必然会得罪不少人，范仲淹对此也有认识。他曾对富弼感慨："我和富公在这里，同僚之中能有几个跟咱们是一心的呢！就算是主上，也不知道最终会支持哪一边。"

精贡举与庆历兴学

庆历新政中还有一项重要的措施，叫"精贡举"，它与"庆历兴学"活动一起，对宋朝及其后的历史，产生了深远

影响。

五代时期兵荒马乱，各地学校教育凋零，至宋初尚未恢复。1027年，知应天府（今河南省商丘市）晏殊请范仲淹来应天府书院教书。自此，地方官员兴办学校逐渐成为风尚。最典型的当然还是范仲淹本人，他的官做到哪里，学校就开到哪里。

在士大夫的集体推动下，1044年三月，朝廷宣布各州、县都要设立学校。一时间，州县学校如雨后春笋般涌现。朝廷也在国子监的基础上兴建了国家最高学府太学，聘请孙复、石介等鸿儒执教，招生人数从七十人增至四百人。史称"庆历兴学"。

范仲淹还将学校与科举制联系在一起。他认为，当时的科举考试，进士科主要考察吟诗作赋的能力，诸科（进士科以外的科目）考察对知识的死记硬背，考生们为了应考，自然也不去研究治国和做人的道理。这样的科举考试所录取的考生，有真才实学的人十个里挑不出一两个来。

因此，范仲淹推出新的政策，规定进士考试以发挥才识的策论为主，诗赋为辅；诸科考试改而考察对儒家经术大义的理解。新政还要求考生必须在学校学习三百日，有人担保其品德没有大问题，才能参加州县考试。尽管随着庆历新政的失败，这些措施又都被取消，但后来还是为锐意变法的宋神宗和王安石所继承，并进而影响到我国明清的科举制度。范仲淹本人的学术造诣也很深厚，他热衷于讲学，因此门下弟子也颇多。其中，孙复、石介、胡瑗开创了新的学术风气，被称为"宋初三先生"。宋朝以前，学者们对儒家经典的研究，多是探究具体章句的句义、字义，称为"章句之学"。宋仁宗时，这种学术风气发生重要改变。以孙复、石介、胡瑗为代表的学者，在讲授儒学时注重阐释道理，并积极参加改革活动。同时，自唐代以来，佛教、道教兴起，儒家也对两大宗教的学说有所吸收。这样，就形成了以阐释义理、救时行道、吸纳佛道为特点的"宋学"。

忧乐情怀

　　庆历新政推行不久，朝中就产生了反对派。不过，这不仅是因为改革触动了不少官员的核心利益，同时也与改革派的策略失误有关。提起这些失误，又不得不提到欧阳修。

欧阳修（1007—1072），字永叔，吉州永丰（今江西省吉安市永丰县）人，是"唐宋八大家"之一，堪称一代文豪，对北宋思想界、文学界的巨变产生了巨大作用。欧阳修还是个史学家，曾奉诏编撰《唐书》（即《新唐书》），又独自撰写了《五代史记》（即《新五代史》）和金石学专著《集古录》。

不过，欧阳修早年在政坛上的表现却差强人意。庆历新政时，欧阳修担任知谏院，是改革派的一员。新政实施不久，他便上书，抨击御史台官员不称职。其实，时任御史中丞王拱辰，原本不反对改革；前任御史中丞、现任参政贾昌朝，也是改革的支持者。可欧阳修一下就把这两个重量级人物，推到了改革派的对立面。

恶果随即而来。在王拱辰的带领下，御史台对改革派官员进行了报复性弹劾，加上改革派在一些问题上也存在分歧，朝堂由此陷入激烈争论。宋仁宗误把这种争论与党争联系到一起，意味深长地问道："从来都是小人结党，君子也结党吗？"范仲淹回答："朝廷上邪正各有其党。一心向善的人结党，对国家有什么害处呢？”欧阳修进献《朋党论》，主张皇帝应该罢退小人结成的"伪朋"，任用君子结成的"真朋"，这样天下就能大治。

大臣结党，威胁皇权，历来为皇帝所忌。范仲淹与欧阳修"君子有党"的言论，引起了仁宗的不满，这让反对改革的夏竦找到了机会，暗中挑拨离间。1044年六月以后，范仲淹、富弼先后以执政身份宣抚地方，离开朝廷；富弼的岳父晏殊也被罢相。到了1045年正月，宰相杜衍、参政范仲淹、枢密副使富弼皆遭罢免；二月，朝廷开始陆续罢废新政举措；三月，韩琦罢枢密副使；欧阳修等也遭到贬黜。最终，新政措施基本遭到废除。短暂的"庆历新政"遂告失败。

眼见国家积弊不能消除，被贬黜的改革派士大夫莫不心怀苦闷。欧阳修自号"醉翁"，写下《醉翁亭记》，在"醉翁之意不在酒"的名句中，抒发着自己的忧虑与痛苦。

相比于欧阳修的才子情怀，范仲淹更多了几分担当。1046年，范仲淹写下千古名篇《岳阳楼记》。在文中，他表达了自己追求"不以物喜，不以己悲"（不因外物的好坏和自己的得失，而感到高兴或悲伤）的高尚志向，抒发

岳陽樓記

慶曆四年春滕子京謫守巴陵郡越明年政通人和百

廢具興乃重修岳陽樓增其舊制刻唐賢今人詩賦于

上屬予作文以記之予觀夫巴陵勝狀在洞庭一湖

銜遠山吞長江浩浩湯湯橫無際涯朝暉夕陰氣

千此則岳陽樓之大觀也前人之述備矣

峽南極瀟湘遷客騷

異乎二者之為夫靈雨

虎嘯猿啼登斯樓

空日星隱曜山

於感極而悲者矣至若春和景

一碧萬頃沙鷗翔集錦鱗游泳岸芷汀蘭郁郁青青

長煙一空皓月千里浮光躍金靜影沉璧漁歌互答

了"先天下之忧而忧，后天下之乐而乐"（在天下人忧愁之前先忧愁，在天下人快乐之后才快乐）的忧国忧民情怀。庆历新政虽然失败了，但范仲淹的浩然正气开宋朝一代士风，影响深远。后来宋元之际人们谈论宋朝的人物，皆称"以范仲淹为第一"。

士大夫政治走向成熟

话又说回来，明知道皇帝忌讳大臣结党，范仲淹与欧阳修为什么还要公开提出"君子有党"呢？这与士大夫群体的政治理想密切相关。

宋朝的士大夫不仅是政府官员，同时也是儒家知识分子。按照儒家理论，上古传说中的尧、舜是明君，夏、商、周三代是治世。据此，士大夫提出了自己的政治理想与目标，那就是"致君尧舜"（把皇帝辅佐成尧舜一样的明君），实现"三代之治"（让宋朝成为夏、商、周那样的治世）。

其实早在宋初，王禹偁就曾明确提出"君子有党"，主张士大夫为了实现政治理想，应该联合起来。到了宋仁宗

时，随着士大夫群体的成长壮大，士大夫以群体的身份登上政治舞台。"君子有党"也被越来越多的士大夫接受。士大夫的第一次联合行动，就发生在仁宗亲政之初。

1033 年三月，刘太后去世，仁宗亲政。仁宗的皇后郭氏，是刘太后为他选立的。出于对太后的不满，仁宗打算废掉郭后，此举虽然获得宰相吕夷简的支持，却遭到台谏官员的坚决反对。因为台谏认为，郭后无过而遭到废黜，这不是有道明君的作为，与"致君尧舜"的目标不符。以权御史中丞孔道辅和右司谏范仲淹为首的十名台谏官员甚至跑到上早朝的垂拱殿，拜伏在阁门（垂拱殿的殿门）前抗议。孔道辅趴在殿门上扣动门环大呼："皇后被废，陛下为什么不听台谏的进言！"

谏诤废后事件是宋代以台谏为代表的士大夫群体与宰执、皇帝的第一次集体性、大规模的正面交锋。尽管最后仁宗固执己见，驱逐台谏官，将郭后降为净妃，但这是士大夫出于责任感和主体意识，第一次联合起来对抗皇帝与宰相的强权。

从这个角度讲，庆历新政也是士大夫群体为了实现政治理想，而采取的一次联合行动。这也是范仲淹、欧阳修敢于公开承认"君子有党"的深层原因。庆历新政虽然失败了，但士大夫群体已经崛起，士大夫政治走向成熟，宋朝进入了"为与士大夫治天下"的新时代。

❀ **思　考** ❀

（一）与宋太祖的改革相比，庆历新政有哪些不同的特点？为什么太祖时的改革卓有成效，而庆历新政却失败了？

（二）联系庆历新政、庆历兴学与宋初三先生的经历，想想学术思想与政治变革之间会有怎样的联系？

第六节 与士大夫共治天下

仁宗之"仁"

用今天的眼光回溯历史，宋仁宗一朝可谓危机四伏：从太后听政的压抑，到宋夏战争的惨烈；从民乱的此起彼伏，到新政的忽兴忽废；从废后之争，到朋党之论……宋仁宗时代，似乎总是让人紧揪着心。然而，在宋人眼中，仁宗时代是一个足可与唐代贞观之治、开元盛世并称的"盛治"时代，这又是为什么呢？我们不妨从宋仁宗本人说起。

宋仁宗名叫赵祯，是宋朝第四位皇帝，宋真宗第六子，1022—1063年在位。"仁宗"是他的庙号。"仁"，既是对仁宗个人性格的评价，也是对仁宗时期政治风气的评价。

仁宗性格宽仁，政治环境也相对宽松，当时的名臣如范仲淹、富弼、欧阳修、包拯等，几乎都有过顶撞仁宗的经历。宋人笔记中还提到一个故事：一名成都府举子曾献诗道："把断剑门烧栈阁，成都别是一乾坤。"意思是如果控制进入蜀地的咽喉要道剑门，那么蜀地就别是一番天下了。这首诗大有"反诗"意味，知府当即抓了举子，上报朝廷。仁宗却轻描淡写地说："这就是老秀才急着要当官才写的，那就给他一个远小州郡的司户参军做做吧。"

作为皇帝，仁宗拥有对一切政务的最高决策权，但他更愿意让士大夫广泛参与政治，依靠士大夫来做决策，以至于宋人周正夫说他："百事不会，只会做官家。"这一方面是仁宗优柔寡断的性格使然，另一方面也有仁宗自己的思考。

仁宗本人，在刘太后面前噤若寒蝉；在宋夏战争中优柔寡断；在庆历新政中心志不坚。看起来执政能力非常一般，仁宗曾说："总有人说朕少决断。不是朕不想独自做决断，而是因为国家自有祖宗先例。假如朕发布了诏令，却不符合有关规定，那就成了过失。因此，诏令必须经过宰执讨论才能发布执行，如果台谏官发现诏令有问题，那就只管来提意见，朕不怕再追改成命。"

正是基于这种认识，仁宗时期朝堂之上人才济济，涌现出了一批直言敢谏、廉洁忠正的名臣；"致君尧舜"与实现"三代之治"的理想也越发深入人心，宋朝迎来了士大夫政治的黄金时代。

影视剧中，我们常能见到大臣管皇帝叫"皇上"。其实在相当长的一段时间里，大臣并不这样称呼皇帝。在正式场合，臣子称皇帝为"陛下"。宋朝时，人们也管皇帝叫"主上""圣上"。不过，宋代皇帝还有一个专门的称呼——官家。为什么叫"官家"呢？宋太宗时，大臣们的解释是："三皇官天下，五帝家天下，所以皇帝又叫官家。"不过，学者们普遍认为这种解释不靠谱。有一种观点认为，宋代是一个平民化的社会，当时有很多世俗化、职业化的称谓，比如酒保叫"酒家"，农民叫"农家"，诗人叫"诗

家"，因此皇帝作为一种职业，就被人们称
为"官家"。

杜衍和欧阳修抵制内降

宋仁宗贵为皇帝，身边的妃嫔、外戚、内侍、宫女经
常来找他走后门。既然是走后门，当然就包括很多违反法
律和制度规定的事。仁宗耳根子软，禁不住身边人软磨硬
泡，但要落实这些违法违规的事情，他必须获得宰执的同
意。因为按照制度规定，如果没有宰执同意，皇帝的命令
就可能无法发布和执行；而并非影视剧里那样，只要皇帝
说一句"下旨""传旨"，就可以颁布合法的圣旨。

为了获得宰执支持，仁宗常常私下给宰执递条子，要
求宰执执行批条的内容。这种批条被称为"内降"。比如庆
历新政期间，仁宗就多次给枢密使杜衍下内降，可杜衍不
仅一概不执行，而且还把积攒的十多封内降，一股脑儿全
退给了仁宗，以示抗议。仁宗非常委屈，当时欧阳修正好
入朝，仁宗便向他诉苦道："外面的人都知道杜衍封还内降

吗？凡是有求于朕的人，朕每次都告诉他们杜衍不同意，让他们别再来走后门了。朕拦下来的人，比杜衍封还的诏书要多得多。"

孰料，正是这个倾听仁宗诉苦的欧阳修，后来也跟杜衍一样，公开抵制仁宗的内降。由于像杜衍、欧阳修这样正直的宰执不接受内降，内降就无法转变成合法的诏书。仁宗无奈，只好绕过宰执，直接将内降送到有关部门去。仁宗晚年，欧阳修担任权知开封府。作为都城的最高行政长官，欧阳修收到了大量内降。这一次，轮到欧阳修向仁宗诉苦了，他向仁宗抗议道："臣担任权知开封府还不到两个月，就收到了十次内降。我都抗议好几次了，可内降还是接连不断。我建议，干脆重重责罚这些走后门的人。"

当然，也并非所有的官员都能像杜衍和欧阳修这样，公开抵制皇帝批条子。有一次，皇宫的内东门检查高级官员的夫人入宫时，搜到了向宫中行贿的赃物，于是就将案子送到开封府审理。可还没等知开封府魏瓘把案件审理清楚，仁宗便递了条子，要求开封府放人。魏瓘随即将犯罪嫌疑人无罪释放，却因此遭到谏官弹劾而贬官。

原来，早在1033年，仁宗就曾立法，要求有关部门接到内降，不要立即执行，而要向皇帝再次请示，这被称为"内降覆奏法"。魏瓘被贬官，就是因为违反了覆奏法。

富弼勇封词头

富弼这个名字你一定已经不陌生了。从庆历增币到庆历新政，都有这位性格内敛的名臣的身影。不过，如果皇帝有错误，富弼可绝对不会低调。他不仅曾奋勇拦截宋仁宗的错误命令，还因此为宋代的政治立下了规矩。

事情是这样的。刘太后有个侄子叫刘从德，他的妻子王氏姿色冠世。刘从德去世后，王氏受封遂国夫人，出入内庭，有人说她得到了仁宗的宠幸。后来王氏获罪，丢掉封号，一度失去觐见资格。可数年后，她不仅又得以出入禁中，而且仁宗还要再度封她为遂国夫人。

1041年，宰相写好了晋封王氏的词头，交给了富弼。富弼时任知制诰，职责是根据词头，撰写正式的诏书。然而，富弼却认为仁宗晋封王氏的命令不合规矩，不仅拒绝草诏，还将词头退给了宰相。这一下不仅打了仁宗的脸，

也打了宰相的脸。王氏违规晋封的美梦终究还是被这位勇士搅黄了。

> 知制诰是负责起草诏书的官员，相当于秘书。在发布诏书前，皇帝要与宰执通过面对面或书面的沟通，对具体事务做出决策。宰执将决策的核心内容记录下来，称为"词头"。接着，宰执将词头交给知制诰，由知制诰根据词头撰写诏书。

多年后，宦官杨怀敏因牵涉宫里卫士叛乱而被外放到地方，仁宗想把他召回，词头却被知制诰胡宿封还。仁宗不悦，问宰相文彦博："前代有这样的先例吗？"文彦博答道："唐代就有。近年来，富弼也曾经封还词头。"既然有先例，仁宗便拿胡宿没办法，只好换个人来草诏，但最后还是迫于压力，收回了成命。从此，由富弼立下的封还词头的规矩正式得到了朝廷的承认，终宋一朝，始终贯彻执行。

包拯唾面谏诤

论宋代文臣的知名度，包拯若称第二，无人敢称第一。包拯（999—1062），字希仁，庐州合肥（今安徽省合肥市）人。在戏曲、小说和影视作品中，开封知府包拯铁面无私，善断奇案，人称"包青天"。历史上的包拯也确实以廉洁公正著称。他曾任权知开封府，审案明察，执法公正，不畏权贵，不徇私情，民间有"关节不到，有阎罗包老"之语。不过，他最著名的事迹，则是担任台谏官时的直言敢谏。

先来看看什么是台谏官。台谏官的"台"指御史台的台官，"谏"指谏院的谏官，他们既负责监察百官的违法行为，又要向皇帝进谏，纠正君主的错误，并拥有风闻言事的权力，因此被统称为"言官"。

> 　　风闻言事是宋代台谏的一项重要权力。台谏官员可以根据传闻向皇帝进谏或弹劾官员，而不必验证传闻的真伪。皇帝和各级官员也不能诘问传闻的出处；即便诘问，台谏官员也有权拒绝回答。

宋仁宗时，包拯曾担任知谏院。中年后的仁宗，非常宠爱张贵妃，并因此对其堂伯父张尧佐一再破格升用。1050年闰十一月，张尧佐被任命为宣徽南院使、淮康军节度使、景灵宫使和同群牧制置使，虽无实权，但地位崇高，待遇优厚，有悖制度规定。于是，御史中丞王举正率先发难，知谏院包拯接连上奏，台谏的弹章接踵而至，最终逼迫仁宗不得不收回成命，免去张尧佐的宣徽南院使和景灵宫使。

然而，仁宗终究禁不住张贵妃的枕边风，第二年八月，他又下诏，再度命张尧佐为宣徽南院使，并出任判河南府（今河南省洛阳市）。包拯闻讯，面见仁宗劝谏。他言辞激愤，吐沫星子都喷到仁宗脸上了。仁宗退朝回宫，张贵妃来迎，仁宗不耐烦地说："今天包拯上殿，吐沫喷我一脸。你只管要宣徽使、宣徽使，你难道不知道包拯是谏官吗！"最终，仁宗虽然没有收回成命，却发布诏书承诺：再也不给张尧佐加官了。

包拯只是宋代台谏官员的典范，正直的士大夫们无不将台谏视作阻止皇帝、宰相乱命的重要阵地。难怪《宋史》

会说："宋之立国，元气在台谏！"

狄青平定侬智高之乱

宋仁宗时期是士大夫政治的黄金时代，但行伍出身的狄青因成功平定侬智高之乱，仍成为这一时代的骄傲。

狄青（1008—1057），字汉臣，汾州西河（今山西省吕梁市文水县）人。他年少入伍，善于骑射，在西北的对夏战争中屡建军功。范仲淹、韩琦等宰执都曾对狄青的军事能力给予高度评价。

1041年，隶属于交阯政权（今越南北部）的广源州（今越南高平省广渊县）蛮人首领侬智高因不堪交阯压迫，起兵反抗，建立政权，并请求归附宋朝。但宋朝不愿节外生枝，对其置之不理。1049年，侬智高转而攻宋。1052年，侬智高攻陷邕州（今广西壮族自治区南宁市），改国号为大南国，建元称帝，随即兵掠广南，一度围困广州近两月之久。

南方素来缺乏战备，战局对宋朝不利。狄青主动请缨，仁宗遂命他为宣徽南院使、宣抚荆湖南北路、经制广南盗贼事，并亲自为他置酒壮行。

狄青到达前线后，首先整肃军纪，加强军队的战斗力。到了1053年元宵节，他下令大军休整十日，并大肆张扬，以麻痹敌人；自己却于次日率军直奔昆仑关（今广西壮族自治区南宁市宾阳县西南）。

隔日黎明，宋军诸将环立大帐前，等待主帅发布进军令；可主帅狄青早已不在营中，他已于前夜换了便装，和先锋官偷越昆仑关，在归仁铺（今广西壮族自治区南宁东北）列阵迎敌。双方展开一场恶战，最终宋军大破敌军，逐北五十余里，斩首数千，生俘五百余人。侬智高被迫放火烧城，逃亡大理国，死在了那里。曾经震动岭南的侬智高之乱彻底平定。

狄青因军功而被仁宗破格提拔为枢密使。当时士兵都要在脸上刺字，是身份低下的标志。狄青面有刺字，称"面涅将军"。仁宗曾劝他用药水除掉刺字，狄青却认为这样可以更好地鼓励人们建功立业。

由于狄青是武人出身，又能征善战，在出任握有调兵权的枢密使时，文臣士大夫搬出了猜防武将的祖宗之法，一度反对这项任命。到了1056年，仁宗病重，皇储未定，在宰相文彦博的坚持下，狄青终于被罢枢密使，出知陈州（今河南省周口市淮阳区）。狄青曾到中书质问自己被罢免的缘由，文彦博直言："无他，朝廷疑你！"由于备受猜忌，在陈州不到半年，一代名将狄青便忧愤而死。

❀　思　考　❀

（一）与宋太祖、宋太宗、宋真宗时相比，宋仁宗时的政治风貌有哪些特色？为什么会有这样的特色？

（二）士大夫政治有什么优点，又有哪些不足？你认为宋仁宗时的士大夫政治能够长期维持下去吗？

（三）结合宋太祖以来对武人的政策和宋代的制度，想想宋朝是如何"崇文抑武"的？这些政策对宋代的军事产生了怎样的影响？

仁宗盛治

第七节

嘉祐之治

宋仁宗后期，人才鼎盛，政局清明。由于当时的年号是嘉祐（1056—1063），故被宋人称为"嘉祐之治"。在宋代士大夫眼中，嘉祐之治不仅与唐太宗的"贞观之治"相提并论，更被誉为"几至三代"（几乎达到了夏、商、周三代的政治水平），赞誉之高，无以复加。

客观地说，宋代士大夫对嘉祐之治的称赞有言过其实的一面。不过，随着政务运作机制日趋完善，士大夫政治日趋成熟，嘉祐时期的宋朝也确实取得了不少成就。

首先是政局稳定。嘉祐时期，宋朝与辽朝、西夏基本相安无事，侬智高之乱平定后南方亦无战火，庆历以来此起彼伏的民变和兵变也早已偃旗息鼓。放眼两宋三百二十年，嘉祐时期的政局稳定程度都可谓空前绝后。

其次是人才鼎盛。两宋是人才辈出的时代，又尤以仁宗时期最为突出。一代名臣晏殊、范仲淹、韩琦、富弼、欧阳修、文彦博、庞籍、曾公亮、包拯、宋祁、赵槩、张方平、胡宿、胡瑗、司马光、王安石、范镇等，在仁宗朝相继登上政治舞台，他们有才华、思进取、讲风节，皆取得了较大功绩。

嘉祐时期的人才盛景，有两点最值得称道。其一是所谓"嘉祐四真"。当时，仁宗以庆历名臣富弼为宰相，文才誉满天下的欧阳修为翰林学士，刚直不阿的包拯为权御史中丞，一代鸿儒胡瑗为天章阁侍讲。时称四人分别为"真宰相""真学士""真中丞""真先生"，是为"嘉祐四真"。其二是1057年，即嘉祐二年的科举考试，所获人才之盛，可谓空前绝后。"唐宋八大家"中的苏轼、苏辙、曾巩，理学奠基人张载、程颢，"熙宁变法"时期的变法派能臣吕惠卿、曾布、章惇，反对派名臣朱光庭，以及开边名将王韶等，都在这一年的考试中脱颖而出。

嘉祐之治的最后一个表现是政治清明。这一时期，富弼、韩琦、曾公亮久居相位，士大夫同心辅政，朝中亦无党争。他们吸取庆历新政的教训，从实际出发，推行了修河防洪、解除茶禁、平均田税、置惠民仓、改革马政等政策和措施，庆历新政时的部分举措也得到了落实。

不过，嘉祐时期，仁宗因身体每况愈下，对治国有所懈怠；富弼等老臣也没有了早年的锐气，对弊政虽有纠正，却无心根治，"三冗两积"仍然是宋朝不得不直面的问题。

朝廷为了应对财政危机，大肆敛财；与此同时，吏治松弛，腐败丛生，老百姓的生活水深火热。

嘉祐之治更像是海啸前平静的海平面，在其背后，滔天巨浪正在滚滚而来。

☁ 文化盛景

嘉祐时期的另一道盛景，是文化的繁荣璀璨。宋代崇文抑武，优待士大夫，政治文化氛围也相对宽松，到了仁宗后期，思想、文学、艺术领域都涌现出大批大师级的人物，这一势头一直延续到北宋后期，我们在这里一起说一说。

首先是思想方面，自从宋初三先生（孙复、石介、胡瑗）开创了宋学的学术传统后，士大夫们的思想便异常活跃。不少人不只精通儒学，佛教和道教学说的造诣也颇深厚，这些思想融会贯通，逐渐产生了新的思想体系。到了仁宗后期和神宗时期，宋学发展愈发迅速，不同的学术思想相继创立，呈现出百家争鸣、欣欣向荣的景象，第一批思想大师应运而生。比较著名的学派有王安石的"新学"，苏洵、苏轼、苏辙三父子的"蜀学"，对后世影响极为深远的"理学"也在这一时期开始萌芽。

理学一派中，周敦颐首创"濂学"，后来他的弟子程颐、程颢兄弟又开创了"洛学"；此外，张载开创"关学"，邵雍创立了"象数学"。南宋理学家朱熹认为，这五个人是理学的奠基者，对他们推崇备至，称为"北宋五子"。五子之中，程颐、程颢并称"二程"。他们提出"理"（又称"天理"）或"道"是世界万物的本体，是永恒存在、无所不包的，先有"理"，然后产生万物，而"理"又统辖万物。这为理学的形成打造了重要的理论基础。

文学方面，北宋中后期发生了一场文学革命——古文运动，不仅对当时的文风产生重大影响，也促使了北宋中后期的思想大解放。

宋初的文坛，讲求对偶声律、用字绮丽的骈文占据统治地位。宋仁宗时，欧阳修登上文坛，主张继承唐代韩愈、柳宗元的传统，倡导流丽畅达的散文新风，掀起了古文运动。古文运动以"复古"为旗帜，提倡写作平易自然、有血有肉的散文，要求在文章中承载儒家思想的治国之道。因而，古文运动在表面上是一场文学改革，实质上却是一场复兴儒学的运动。

1057 年，欧阳修主持贡举考试，以散文为标准取士，将古文运动推向高潮，也彻底扭转了士大夫绮丽浮华的文风。北宋的欧阳修、苏洵、苏轼、苏辙、王安石、曾巩皆善散文，与唐代的韩愈、柳宗元并称"唐宋八大家"。欧阳修的《朋党论》《醉翁亭记》，王安石的《游褒禅山记》《读孟尝君传》，苏洵和苏辙各自的《六国论》，苏轼的《石钟山记》、前后《赤壁赋》，曾巩的《寄欧阳舍人书》等，都成为传诵至今的千古名篇。当然，也少不了欧阳修的前辈范仲淹，他的《岳阳楼记》也是流传千古的名篇佳作。

古文之外，宋人在诗词方面的成就同样令人叹服。提到宋代的诗歌，仍然不得不提欧阳修，他不仅革新了北宋的文风，也引领了一代诗风。在他身后，有洒脱豪放的苏轼，关注现实的王安石，也有以故为新的黄庭坚。

跟诗歌相比，词更是宋代文学的标志性体裁。跟古文和诗歌一样，与前代相比，宋代的词也面目一新，而第一位全面革新宋词的词人，就是柳三变。柳三变后来改名柳永，他开创了慢曲长调的新体裁，代表作有《雨霖铃·寒蝉凄切》等。在他之后，又出现了秦观、李清照等著名词人，形成了清新典雅的"婉约派"。另一位有革新之功的词人是苏轼，他以豪迈的风格，开创豪放词派，代表作有

《念奴娇·赤壁怀古》等。南宋时期的爱国词人辛弃疾、刘克庄等莫不受苏轼豪迈词风的影响。

说到柳永与苏轼的词风，还有一个有趣的故事。据说苏轼曾问别人："我的词跟柳永的比，怎么样？"那人回答说："柳永的词适合让十七八岁的女孩子拿着红牙板，婉转清唱'杨柳岸晓风残月'（《雨霖铃·寒蝉凄切》中的词句）；而您的词，必须要找关西大汉，用铜琵琶、铁绰板，唱'大江东去'（《念奴娇·赤壁怀古》中的词句）。"

> 我们今天读宋词，都是朗诵出来的。其实词原本有曲调，在古代是由人唱出来的，因此也就需要一些乐器作为辅助。铜琵琶，是指铜制的琵琶，声调铿锵有力。铁绰板和红牙板都是演奏音乐时用来打节拍的乐器。铁绰板由男子使用，音调响亮有力；而红牙板则为女子所执，音调细腻清脆。因此人们使用"铁板琵琶"来形容豪放有力的词风，用少女执红牙板而歌来描述柔美婉约的词风。

在文学成就渐入佳境的同时，士大夫的审美也日益影响到艺术。不讲形似、只求神韵的文人画，经苏轼、米芾等人的提倡而兴起。以郭熙等为代表的山水画也自成一家。最著名的宋代画作，当数传世国宝《清明上河图》。

宋代帝王颇好书法。宋太宗曾命人将秘阁收藏的历代书法家珍品编次为《淳化阁帖》。宋徽宗发明的"瘦金体"享誉至今。苏轼、黄庭坚、米芾、蔡襄的书法也甚为有名，合称"宋四家"。

到这里，我们不得不单独提一下苏轼。纵观北宋空前繁荣的文化圈，在思想、散文、诗、词、绘画、书法等各个领域，这位大才子都取得了登峰造极的成就。苏轼（1037—1101）字子瞻，号东坡居士，眉州眉山（今四川省眉山市）人。在思想学术方面，他是蜀学的代表人物；他的散文气势雄放，与欧阳修并称"欧苏"，与其父苏洵、其弟苏辙合称"三苏"，名列"唐宋八大家"；他的诗清新豪健，与黄庭坚并称"苏黄"；他的词开豪放一派，与辛弃疾合称"苏辛"；书法上他擅行、楷，与黄庭坚、米芾、蔡襄并称"宋四家"；绘画他擅墨竹、怪石、枯木，为文人画奠定了基础。他还继承了欧阳修的精神，十分重视发现和培养人才，门下弟子黄庭坚、张耒、晁补之、秦观并称"苏门四学士"，在文学艺术方面皆取得了不俗的成就。难怪一向孤傲的王安石都称赞苏轼："不知道要等几百年，才会有这样的人物！"

农业的全面发展

宋朝是中国古代经济突飞猛进的发展时期，在农业、手工业和商业方面，都取得了引人瞩目的成就，这也是仁宗一朝被称为"盛治"的原因。

在传统社会，经济生产以个体劳动力为主，因此人口的多少往往对社会经济产生直接影响。北宋的人口始终保持着增长的势头。由于唐末、五代的长期战乱，宋太宗末年（997）全国登记在案的只有413万余户；在经过六十多年的稳定发展后，到了仁宗末年（1063），已经增加到1246万余户。

人口的稳定增长，直接推动了农业的发展。北宋时期，耕地面积不断增加，不仅平原上的土地大多已被垦辟，甚至连山地丘陵地带也出现了梯田。据学者估算，到宋神宗时，北宋垦田已达 7 亿至 7.5 亿亩，远超汉唐时期的垦田数。

与此同时，朝廷兴修农田水利，铁制农具得到改进，特别是新物种的引入，都大大提升了北宋农业的产量。比如原产于占城国（今越南南部）的占城稻，是一种耐旱、早熟的水稻，宋真宗时已传入我国福建。1012 年，江淮两浙地区大旱，真宗派人到福建取占城稻三万斛，分给旱情严重的地区，又将这种水稻的种植技术写成文字，通过雕版印刷，在各地张榜发布。仁宗时，占城稻已在江淮两浙地区推广。稻米产量的增加，对于我国经济重心南移、人口爆炸式增长具有重要影响。

工商业的发达

依托华北地区丰富的矿藏，北宋的矿冶业颇为繁荣。当时，北方大量开采石炭（煤）。河东路（今山西一带）和都城开封的民众将石炭用作生活燃料；冶铁业也大量使用石炭，因此炼出的铁质量更好。宋仁宗皇祐年间（1049—1053），北宋全国每年可得铁 7124 万斤。此外，北宋还在军事和医药上使用石油，沈括在《梦溪笔谈》中预言，石油在日后一定会被普遍使用。

北宋时期，丝绸和陶瓷仍然是中国行销海内外的王牌产品。南方的丝织业已经逐渐超过北方，两浙、川蜀地区的丝织业最为发达，蜀锦号称"天下第一"。制瓷工艺也得到改善，瓷器不再只是达官贵人的奢侈品，而已成为普通百姓的日常用品。盛产白瓷的定窑，盛产青瓷的官窑、汝窑、哥窑，以及盛产彩色瓷器的钧窑，被后世合称为"五大名窑"。

手工业的发展使大量商品涌入市场，又促成宋代商业的空前繁荣。无论是境内贸易，还是边境的榷场贸易，北宋的商业贸易都十分兴旺发达。

商业活动也促进了商业城市的发展。北宋出现了一批人口在十万以上的大型商业城市，都城开封是最大的一座。宋真宗末年，开封的居民已经达到 9.7 万余户。城市商业的繁荣还打破了传统的城市制度。在唐朝，长安、洛阳都实行坊市制。市民居住在"坊"里，傍晚时坊门锁闭，夜间严禁市民外出；城市中另设专门的"市"，人们只能白天到市里进行交易。随着商业的发展，到宋仁宗时，这种坊市制被彻底打破。市民的行动不再受坊的限制，商业活动也不再受市的约束，开封城里出现了通宵达旦营业的商铺和综合性的百货商场——瓦子。许多瓦子里还设有勾栏

（小剧场），艺人们在这里表演说书、诨话（早期的相声）、音乐、舞蹈、木偶戏、杂技等节目，热闹非凡。

　　北宋商业最具时代特点的是出现了人类历史上第一种纸币——交子。北宋的成都地区经济较为繁荣，但当地居民使用铁钱进行交易。铁钱笨重，携带不便，极大影响了

商业的发展。真宗初年，成都的十六户富商发行了一种纸质交换券，取名交子。商户们可以将铁钱兑换成交子，在指定范围内可以将交子作为货币使用，大大方便了贸易往来。1023 年，朝廷正式将交子的发行权收归国有，在成都设立交子务，负责印制和发行交子的事务。此后，交子的使用范围逐渐扩大到陕西、河东等地。交子的出现，推动了商业的进一步繁荣。

值得一提的是，宋太祖于 960 年颁布了《商税则例》，并将其公布于商税务（征收商税的政府部门）的大门前。这是我国历史上首部商业税务法规。《商税则例》规范了商税行为和商税的征收与缴纳，极大地激发了宋朝商业的发展与繁荣，推动了宋朝经济的发展。《商税则例》也从侧面说明，随着商业经济的发展，商业税成为宋朝重要的财政收入。商品在经济中的比重日渐升高，说明中国古代社会的经济结构正在发生变化。

❀ 思　考 ❀

（一）你觉得宋仁宗时代是"治世"或"盛世"吗？为什么？

（二）"仁宗盛治"有哪些表现？

大变法

第三章

宋神宗是一位志向高远的皇帝，他不仅想解决积贫问题，更想改变北宋积弱的面貌。神宗曾问王安石，如何看待唐太宗。王安石却回答：『唐太宗有什么好的，陛下应效法尧舜！』在王安石的鼓舞下，神宗终于下定决心，采纳其主张。1069年，王安石出任参知政事；1070年，升任宰相。轰轰烈烈的变法运动拉开了序幕。

熙宁变法

第一节

濮议风波

宋仁宗早年有三个儿子，但都夭折了，后来再也生不出儿子。嘉祐年间，仁宗身体每况愈下，在士大夫们的催促下，于1062年八月以堂兄之子赵宗实为养子，并立为皇太子，改名赵曙。1063年三月，仁宗去世，赵曙即位，是为宋英宗；仁宗皇后曹氏被尊为皇太后。

英宗即位不久便得了病，整日胡言乱语，不能理政，和养母曹太后的关系也日渐紧张。宰相韩琦等人一面请曹太后垂帘听政，一面协调英宗与太后的矛盾。1064年五月，英宗康复，曹太后撤帘，动荡的政局平稳下来。

可惜好景不长。英宗虽为仁宗养子，却想给已经去世的生父濮王赵允让皇帝的名分。1065 年，在宰相韩琦的提议下，英宗将濮王名分的问题交给有关部门讨论。

朝臣很快分成两派。一派主张英宗称濮王为"皇伯"，理由是英宗已为仁宗之子。这一派以台谏官司马光、吕诲，翰林学士王珪，判太常寺范镇，知制诰韩维，权三司使吕公弼等为主，声势浩大。

另一派则认为英宗可称濮王为"皇考"，因为过继给他人为子者，对自己的养父母、生父母皆称父母。这一派包括韩琦、欧阳修、曾公亮、赵槩，都是宰执。

两派引经据典，唇枪舌剑，争论了十八个月之久。由于皇考派有英宗支持，并说服了曹太后，因而取得了最终胜利；皇伯派的几位台谏官员则被贬出朝。由于这是一场围绕濮王名分的议论，故史称"濮议"。

在濮议过程中，英宗与宰执联手，逼退了代表士大夫群体的台谏。仁宗时士大夫政治标志性的权力格局——皇帝、宰相、台谏三足鼎立，随着皇帝意愿的变化，开始松动。

1066 年，濮议结束，英宗将精力转移到治国理政上来。

正当他准备奋发有为之际，却突然再度患病，于 1067 年正月去世。短暂的英宗时代谢幕了。

司马光与王安石

宋英宗去世后，在韩琦的拥护下，英宗长子赵顼即位，是为宋神宗（1067—1085 在位）。神宗聪颖好学，胸怀大志，即位的第三天，三司使韩绛便奏报：自仁宗庆历年间以来，国家财力消耗严重，百年间的财富积累已空空如也。其实，在两年前，北宋一年的财政赤字（即支出大于收入）已经高达四百万。可见，仁宗时期的积贫问题非但没有好转，在经历所谓嘉祐之治以后，反而愈演愈烈。在朝廷积贫、百姓穷困、社会危机四伏的情况下，以天下为己任的士大夫纷纷上书要求变革旧制，变法迫在眉睫。

在众多呼吁改革的士大夫中，神宗最看好的是司马光与王安石。1067 年九月，神宗下诏，将担任地方官的王安石和出任谏官的司马光同时擢升为翰林学士。在宋代，翰林学士既是负责起草重要诏书的皇帝秘书，又是对国家大

政方针献计献策的皇帝顾问，地位显要。担任翰林学士的人，往往会晋升为宰执。由此可见，神宗对司马光与王安石的殷殷期待。可奇怪的是，面对神宗的重用，司马光与王安石却先后上表请辞。这是为什么呢？让我们先来了解一下司马光和王安石这两个人吧。

司马光（1019—1086）字君实，号迂叟，世称涑水先生，陕州夏县（今山西省运城市夏县）人。他早年曾担任过地方官，从仁宗末年起，便入朝担任谏官。司马光曾规劝仁宗早立太子，也曾顶着英宗与韩琦的压力，反对英宗称生父为"皇考"，更常常为了民生疾苦恳请罢除弊政。参知政事欧阳修对司马光极为推崇，称赞他"德性淳正，学术通明"。

王安石（1021—1086）字介甫，号半山，抚州临川（今江西省抚州市）人，先后担任签书淮南节度使判官厅公事、知鄞县（今浙江省宁波市鄞州区）、知常州（今江苏省常州市）等。王安石本来有很多机会入朝担任要职，可他却长年自请留在地方。因为在王安石眼里，与其留在施政滞缓的朝廷里碌碌无为，还不如到地方上兢兢业业，造福一方。由此，王安石获得了极高的声望，天底下的人都说："不起用王安石，让天下的苍生怎么办呢！"

就是这样两个以天下为己任的士大夫，曾先后在嘉祐之治中打破了歌舞升平的假象，发出了盛世危言。

1062 年，司马光在向仁宗进奏的《论财利疏》中指出："农民都是苦身劳力，粗衣粗食，他们要向官府缴纳赋税，还要承担各种徭役。遇到丰收的年岁，他们要低价卖掉粮食，用来应付官府和个人的需求；可一旦遇到凶年就要流离失所，甚至冻饿而死。"他因此建议，朝廷应推行利民的政策。英宗时，司马光连续上书，批评朝廷在西北边地招募民兵，给百姓带来了极大的困扰和苦难，要求朝廷废止这样的政策。

王安石则在 1059 年向仁宗进奏了长达万言的《上仁宗皇帝言事书》。在这篇奏书中，王安石指出，宋朝内有财力窘迫、风俗败坏之困，外有辽夏之忧，其根源就在于为政者不懂法度，导致宋代的制度不符合"先王之政"（类似于士大夫口中的"三代之治"）。要解决这个问题，就要效法先王之政的精神，彻底改革制度。而推行改革，最重要的是培养人才。

同样的家国情怀与高尚人格，使司马光与王安石成为

了知心挚交。然而，当宋神宗同时起用二人，准备让他们大显身手的时候，两人却分道扬镳了。尽管原因是复杂的，但有一点是肯定的，那就是司马光和王安石都明白，自己和对方的政见有着根本的差异。

司马光的政治主张是"节流"。他希望神宗和朝廷能够裁军，量材录用官员，减损冗费，节省财用；同时强调安民养民，认为只要百姓安居乐业，生活富足，朝廷的税收状况自然能得到改善。

而王安石另辟蹊径，提出了以开源为主的改革方案。他指出，造成北宋财政危机的原因是官员们不会理财，只要采取"民不加赋而国用饶"的理财方针，就能解决危机。理财的原则是，通过"摧制兼并"，将过去大商人、官僚、地主的部分剥削收入收归朝廷；通过扶植社会中下阶层来发展生产，提升国力。

节流与开源，各有各的道理，然而司马光和王安石对自己的主张寸步不让，宋神宗必须在两人之间做出选择。

宋神宗是一位志向高远的皇帝，他不仅想解决积贫问题，更想改变北宋积弱的面貌。神宗曾问王安石，如何看待唐太宗。王安石却回答："唐太宗有什么好的，陛下应效法尧舜！"在王安石的鼓舞下，神宗终于下定决心，采纳其主张。1069 年，王安石出任参知政事；1070 年，升任宰相。轰轰烈烈的变法运动拉开了序幕。

为实施新法，神宗对行政机构做了调整。在中央，于1069 年设立制置三司条例司，作为"变法领导小组"，由王安石与宰相陈升之共同负责。次年，条例司撤销，变法事务归入司农寺和中书门下。在地方，则在各路设立提举常平官，专门督促州县推行新法。

在变法初期，景仰王安石已久的神宗几乎对王安石言听计从，曾公亮感慨道："陛下和王安石好得就像是同一个人。"由于这场变法最初由王安石主持，又发生在熙宁年间（1068—1077），故史称"王安石变法"或"熙宁变法"。变法期间推行的法令，被称为"熙宁新法"。

富国之法

变法的规模非常宏大，大体可分为富国、强兵、取士三大类。

富国之法以理财为核心，力图解决积贫问题，包括均输法、市易法、免行法、青苗法、免役法、农田水利法和方田均税法七项措施。

针对商人，朝廷先后颁布了均输法、市易法和免行法。均输法就是由朝廷在东南设置统一的六路发运使，根据各地的特产和京师的需要，统一采购物资。市易法是由朝廷设置的市易司管理市场，根据商品的畅销和滞销情况买进卖出，调节市场物价，维护交易公平。免行法则规定商人可以通过向官府缴纳"免行役钱"，免去过去向官府供应物资的义务。

针对农民，朝廷则实施了青苗法、免役法、农田水利法和方田均税法。诚如司马光所说，农民生活困苦，尤其总会遇到青黄不接或天灾人祸的时候。为了维持生计，他们被迫借高利贷来渡过难关；一旦无力偿还，便会失去土地乃至破产。王安石知鄞县时，曾经做过一个实验，由官府出面，以低于民间高利贷的利息，向农民贷款，效果非常好。因此，在执掌朝政后，他便将这项措施推广到全国，这就是青苗法。

宋朝根据乡村居民的资产情况，将他们划分为不同等级，较为富裕的上等户要承担乡村和州县官衙中的差役。这些差役不仅没有任何报酬，有些还会导致服役人员倾家荡产。

由于这种差役法弊端太大，司马光和王安石都对此提出了强烈批评，并提出以雇人服役的免役法来替代差役法。王安石执政后，在做了多次讨论和修改后，终于在全国实施免役法。免役法规定，民众不再无偿服役。过去服差役的乡村上等户，要缴纳免役钱；不服役的乡村下等户，以及坊郭户（类似于城市户口）等其他民户，缴纳一半免役钱（称为助役钱）。官府拿着免役钱和助役钱，自己去雇人服役。

王安石曾提出"因天下之力以生天下之财，取天下之财以供天下之费"的主张，即通过刺激生产来增加社会财富，进而增加财政收入。农田水利法最集中地体现了他的这一思想。这项政策鼓励民间投资兴建水利设施、开垦荒田。对于资金不足的项目，官府还会依照青苗法的规定，对民间投放贷款。

方田均税法则通过丈量耕地，清查漏赋，均定田税，以解决官僚地主隐瞒田产、偷税漏税的严重问题。

富国之法推行后，北宋的财政收入有了巨大改观。1073 年，仅青苗钱的利息就高达 292 万贯；1076 年，支付役钱后剩余的免役钱也高达 392 万贯。农田水利法颁行七年后，全国共修建水利工程一万余处，水利田三十六万余顷，疏浚的河道、湖港更是不计其数。不少荒芜的土地得到开垦，大片贫瘠的土壤变成了良田。

强兵之法

强兵是熙宁变法仅次于富国的目标。宋神宗和王安石希望通过强兵之法，改变北宋积弱的状态。

强兵之法包括将兵法、保甲法、保马法和军器监法。

将兵法的渊源，可以追溯到范仲淹在延州进行的军事改革。根据将兵法，朝廷在全国按照新的编制设立军队，每支军队里设置正将一人，挑选武艺较高、作战经验较多的武官充任，专掌训练。将兵法所针对的是更成法造成的"兵不识将，将不识兵"和士兵疏于训练的问题。新法使兵知其将，将练其兵，提高了军队的战斗力。

保甲法则是将全国的成年男子编入保甲组织，称为保丁。保丁在农闲时参加军训，夜间轮流参加巡逻，维持治安。保甲法既能防止民众暴乱，又能使兵民合一，与募兵相辅，节省养兵的费用。

保马法是由保甲自愿申请为朝廷养马，并享受相应的税收优惠，相当于承包养马，以解决宋军缺马的问题。

军器监法则是在开封设立专门的军器监，负责武器制造，通过提高武器质量来提升军队的战斗力。

熙河开边与熙宁划界

强兵之法实行后，北宋军队战斗力大幅度增强，终于在与西夏的战争中扬眉吐气了一回。

庆历和议后，西夏的外部基本维持了和平环境，但是统治阶级内部斗争不断，给宋朝创造了可乘之机。1068年，变法派杰出的军事家王韶向宋神宗上《平戎策》，提出先收复河湟，再威服吐蕃，最后攻取西夏的战略方针。一心想要强兵的神宗备受鼓舞，以王韶为秦凤路经略司机宜文字。

尽管有司马光和富弼等老臣的反对，但在王安石的支持下，神宗毅然决定落实《平戎策》的战略部署。

1070 年，神宗任命王韶为同提举秦州（今甘肃省天水市）西路蕃部，负责处理河湟地区的少数民族事务。1071 年，又命王韶兼管勾秦凤路缘边安抚司兼营田、市易司；并设立洮河安抚司，以王韶为长官，开始经略河湟地区。此后，王韶软硬兼施，取得了一系列胜利。1072 年，神宗升镇洮军为熙州（今甘肃省定西市临洮县），设立熙河路，以王韶为经略安抚使。次年，王韶先后攻占河州（今甘肃省临夏回族自治州）、宕州（今甘肃省陇南市宕昌县）、岷州（今甘肃省定西市岷县）、叠州（今甘肃省甘南藏族自治州迭部县）和洮州（今甘肃省甘南藏族自治州临潭县），招抚吐蕃部落三十余万人，拓地两千余里。至 1074 年，河湟地区彻底平定。

熙河开边是北宋结束十国割据后的近百年间，取得的最大的一次军事胜利。它不仅使宋朝在西夏侧翼开辟了新的根据地，牵制了西夏的军事行动；更通过宋朝在河湟地区开展的贸易活动，促进了各族之间的经济文化交流。1076 年，宋军又击退了交阯（今越南）的入侵，迫其称臣求和。

不过，面对辽朝，北宋君臣的"恐辽症"依旧很严重。就在熙河开边的同时，宋廷对宋辽边境的防务也进行了整饬。辽朝于 1072 年开始骚扰宋朝边境，并于 1074 年提出重新划定边界的无理要求。当时王安石已经不在朝中，宋朝的宰执对地理情况并不了解，派出的使者在与辽朝交涉中，几乎造成重大损失。1075 年，在仔细研究了档案与地理后，沈括作为使者赴辽谈判，据理力争。但宋神宗因害怕宋辽之间重开战端，最终同意将河东北部边境数百里的土地割让给辽朝。

> 沈括是神宗朝著名的变法派官员。不过，大家最熟悉的还是他的《梦溪笔谈》。《梦溪笔谈》是沈括的一部笔记，但与当时一般笔记不同，其中有 36% 的内容都与自然科学息息相关。北宋时期指南针的制作方法、种竹子的经验、炼钢铁的技术、石油的使用，均被沈括一一记录在案，对当时科学技术的推广传承和我们今天了解北宋科技发

展的情况，都具有重要意义。因此，英国科学史学者李约瑟评价说，《梦溪笔谈》是"中国科学史上的里程碑"。《梦溪笔谈》中还有一些特别宝贵的记载。比如在宋仁宗庆历年间，一位名不见经传的普通印刷匠毕昇，发明了泥活字印刷术，这是中国古代印刷术的一次革命性变化。而如此重要的信息，仅见于《梦溪笔谈》。

取士之法

　　早在宋仁宗嘉祐时期，王安石就在《上仁宗皇帝言事书》中提出了培养变法人才的重要性。这一思想在熙宁期间，正式落实为以科举新法和三舍法为代表的取士之法。

　　科举新法继承了范仲淹的"精贡举"之法，彻底废除了对诗赋创作和对知识死记硬背的考试，转而考察考生对儒家经典和法律条文的理解，以及对时政的见解。王安石还明确提出"一道德，同风俗"的主张，要求士大夫统一思想，践行"先王之道"。这是士大夫群体的一贯主张。朝廷将代表王安石新学思想的《三经新义》作为考试必读教材和取士唯一标准，统一思想，造就变法人才。

三舍法是对学校制度的改革，规定太学生分为三等，初入学者为外舍生，不限名额（后改为限两千人）；考试合格后转为内舍生（限二百人）；最后再通过考试选拔一百人为上舍生。上舍生可不经科举考试直接做官。同时，朝廷又令各州设置学校，赐予学田，考核学官，继"庆历兴学"以后掀起了第二次办学热潮，史称"熙宁兴学"。

科举新法将唐代以来的诗赋取士变成了经义论策取士，配合三舍法和熙宁兴学的学校教育改革，更有利于国家造就和选拔经世致用的实干人才。

和掀起庆历兴学的范仲淹一样，主导熙宁兴学的王安石也是一位思想家，还创立了新学学派。1042年，王安石中进士后在淮南任职，著《淮南杂说》，是为创立新学之始；宋仁宗末年和英宗时期，王安石在江宁（今江苏省南京市）研究义理，聚众讲学，新学逐渐形成。新学广泛吸取百家思想，重视义理阐发，主张学以致用，是熙宁变法的理论基础，对形成中的理学也产生了巨大影响。1075年《三经新义》颁行后，新学一度成为北宋的官方学术思想，后随变法沉浮，又遭官方舍弃。

与民争利

经过宋神宗和王安石数年的改革，熙宁变法在富国、强兵、取士方面初步取得了成效。作为士大夫的杰出人物，王安石也怀有实现致君尧舜和三代之治的政治理想，熙宁新法正是他对这一理想的实践。为了推行新法，王安石起用吕惠卿、曾布、章惇等一批年轻有为的官员，这些变法派官员后来被称为"新党"。

另一批同样以天下为己任的士大夫，却坚决反对新法的实施。其中既包括宋仁宗庆历、嘉祐时期的元老重臣韩琦、富弼、文彦博、欧阳修，在朝中甚有威望的司马光、吕公著、范镇、吕海，也包括后起之秀范纯仁（范仲淹之子）、苏轼、苏辙等人，这些反对派后被称为"旧党"。

反对派有不少德高望重者。比如当时的御史中丞吕公著就是反对派。他曾说："过去被视为贤者的人，现在都认为新法不对。难道过去的贤者，现在都品质败坏了吗？"

当然不是。反对派之所以反对新法，是认为新法存在严重缺陷。比如将兵法使机构臃肿的北宋官僚机构更加庞大；保甲法不仅把农民重新束缚在土地上，民众在缴纳免役钱后，又增加了军训、巡逻的义务，等于还要服役外之役；以《三经新义》为唯一的取士标准，也束缚了士大夫的思想自由。

不过争议最大的，还在富国之法。

为了更快地增加财政收入，有些新法在执行过程中走样了。比如青苗法。不少地方官为了完成或超额完成放贷取息的任务，硬性向老百姓摊派贷款。时任河北安抚使的韩琦就抗议道："兴利之臣纷纷跑到地方上去推行新法。虽然法律规定禁止摊派，可是如果不摊派，那些经济富裕、无须贷款的上等户必然不会向官府贷款；经济不富裕的下等户，借钱的时候容易，可是还的时候就还不上了。"

有些法令从试行到正式颁行发生了变化。比如免役法，在试行时，只向过去服差役的上等户征收免役钱；可当免役法在全国推广后，却让不服差役的下等户缴纳助役钱，从而增加了下等户的负担。正如司马光所说："有关部门立法，唯利是图。免役法实施后，贫困户只能越来越穷。"

当然，还有的法令设计初衷就是"与民争利"。比如市易法，市易司垄断商品市场后，开封城里连水果都由朝廷专卖。结果市易司卖什么商品，什么商品就价格飞涨。市易司借此大发横财，商人却大量破产，商品经济一片萧条。最后，连变法派骨干曾布都起来反对市易法。

对于富国之法，司马光尖锐地指出："天下的财富就那么多，不在民间，就在官府。"所谓理财最后一定会变为聚敛。

王安石罢相

新法确实存在弊病。有些新法具有积极作用，但仍需改良（如免役法）；有些新法消极作用很大，需要做出大的

调整乃至罢黜（如市易法）。面对反对声音，王安石却刚愎自用，拒绝承认新法存在问题，因此被称为"拗相公"。

为了进一步统一思想，减少变法阻力，王安石对反对派实施打压。包括御史中丞吕公著在内的大批反对派官员被罢职外放，参知政事赵抃、枢密使文彦博先后辞职。宋神宗曾打算起用司马光为枢密副使，调和矛盾，但因王安石坚决反对，司马光一辞再辞，最后只好作罢。变法派不仅丧失了改良新法的机会，还与反对派结怨日深；一些见风使舵、阿谀奉承之辈，如吕嘉问、邓绾、蔡京等，却打着支持新法的旗号，受到朝廷重用，这使新法在执行过程中进一步走偏。

1073 年七月起，北宋连续大旱，引发饥荒，而新法规定的各种征敛却没有停止。大批走投无路的灾民涌向开封，乞讨为生。1074 年四月，被王安石一手提拔的郑侠心怀不忍，将惨状画成《流民图》送入宫中。宋神宗见图大惊失色，对新法产生了动摇，王安石因此被罢相，出知江宁府。

离开开封前，王安石推荐韩绛为宰相，吕惠卿为参政，为神宗接受。二人被分别称为"传法使者"和"护法善神"。然而，"善神"与"使者"之间很快就闹出了矛盾。吕惠卿一心想成为新的变法领袖，一面对王安石百般诋毁，一面对其他变法派成员竭力排挤。王安石在变法中用人不当的问题，至此暴露无遗。为了稳定政局，神宗于1075年二月再度任命王安石为宰相。

不过，随着年龄的增长，神宗逐渐走到前台，直接主持变法。他与王安石的分歧也越来越大，这使王安石备感失望。1076年六月，王安石因爱子王雱去世，心力交瘁，提请辞职；十月，王安石第二次被罢相，从此隐居江宁，不再过问朝廷是非。伴随着王安石的第二次被罢相，由王安石主持的熙宁变法告一段落，但是变法并未因此结束，一个由宋神宗亲自主导的变法时代即将到来。

熙宁变法之初，中书门下共有五位宰执，分别是宰相曾公亮、富弼和参知政事赵抃、唐介、王安石。时人用"生""老""病""死""苦"来形容五个人。"生"指王安石，生机勃勃，锐意改革。"老"指曾公亮，因年老而依违在变法派与反对派之间。

"病"指富弼，因反对新法而称病不理政事。

"死"指唐介，因与王安石争论新法，宋神宗又总是袒护王安石，最后被活活气死。

"苦"指赵抃，每有新法出台，他都叫苦连天。

司马光修史

就像当年因为宋仁宗不采纳自己的改革方案，而执意留在地方任职的王安石一样，如今的司马光，也因为自己的意见未被宋神宗接受，而一心想离开朝廷。

1071年，神宗终于批准司马光的请求，让他到西京洛阳去做一个闲官。当然，司马光去洛阳并非休闲享乐，而是担负着一项重大使命——编纂《资治通鉴》。

司马光学识渊博，史学、音乐、律历、天文、术数无所不通，特别是史学。他从小就喜欢读史，对历史也颇有研究。他打算写一部史书，通过叙述王朝兴替的历史，总结治国理政的经验教训，供统治者借鉴，最终目的是实现宋朝的太平治世。1066 年，司马光将自己编写的《通志》进献给宋英宗。这部书虽然只写了战国和秦代的历史，但英宗大为赞赏。他不仅要求司马光继续写下去，还下令设立书局，让司马光自己选择助手，协助自己修书。有了朝廷的支持，司马光的编书事业自然风生水起。

宋神宗继续支持司马光修书，还认为这部书能够"鉴于往事，有资于治道"（通过借鉴历史经验，而对治理国家有所帮助），特将其命名为《资治通鉴》，并亲自为《资治通鉴》作序。熙宁变法以后，尽管神宗没有采纳司马光的意见，但对编撰《资治通鉴》的支持一如既往。司马光虽然去了洛阳，但修书工作没有受到丝毫影响。神宗晚年在重病之中，对司马光和《资治通鉴》仍然念念不忘，数次催促司马光，还特别赐予司马光两千四百卷图书，作为修书的参考资料。

《资治通鉴》是一部编年体通史，是按照时间顺序来叙述历史的。这样的好处是可以清晰了解一件事情的来龙去脉。皇帝只看一部《资治通鉴》，就可以领悟理政的道理，从而更好地治理国家，为民造福。全书共二百九十四卷，另有《目录》三十卷，考据史实的《考异》三十卷，

从战国时代的公元前 403 年，一直写到后周时期的 959 年，
涵盖了一千三百多年间的中国政治史。

《资治通鉴》并不是司马光一人完成的。参与编书的
还有刘邠、刘恕、范祖禹等人，但司马光对整部书稿进行

了统筹。《资治通鉴》虽然出自众人之手，反映的却是司马光的"一家之言"。到了 1084 年，司马光等人历经十九年，在搜集和阅读了大量资料的基础上，终于完成了这部史学巨著。成书之时，司马光已经六十六岁，瘦弱憔悴，老眼

昏花，甚至连牙齿都快掉没了。两年后，积劳成疾的司马光便去世了。他在《资治通鉴》上倾注了毕生的精力。

❋ 思　考 ❋

（一）怎样理解北宋中期的两条改革路线？为什么宋神宗会选择王安石，而不是司马光？

（二）熙宁变法有什么积极效果，又有怎样的隐患？

第二节

元丰改制

元丰改制

1077 年十二月，宋神宗宣布将于次年改元元丰
（1078—1085），这标志着在王安石退出后，由神宗亲自主
持的改革正式开始。

元丰时期，神宗继续实施富国强兵之法，增加朝廷的
财政收入。据当时朝臣的估计，变法给朝廷带来的收入
可用二十年，神宗专门修建了五十二座仓库用来储存这些
财富。

神宗又仿照唐朝制度，重建三省六部。宰相机构中书
门下被一分为三，设立了中书省、门下省和尚书省。中书

省草拟诏令，门下省负责审核，尚书省负责执行。宰执也随之发生变化。首相为左仆射兼门下侍郎（简称左相），兼管尚书省和门下省事务；次相为右仆射兼中书侍郎（简称右相），兼管尚书省和中书省的事务。副宰相则分别是门下省的副长官门下侍郎，中书省的副长官中书侍郎，以及尚书省的副长官尚书左、右丞。

不过，新官制也并非完全照搬《唐六典》。宋代最高军事机构枢密院被保留下来，正副长官改为知枢密院事和同知枢密院事。

通过官制改革，北宋的最高权力进一步集中到宋神宗手中。历史上，将这场官制改革称为"元丰改制"，甚至也将元丰年间所有由神宗亲自主持的改革统称为"元丰改制"。熙宁变法与元丰改制合称"熙丰变法"，新法也因此被称为"熙丰新法"。

元丰期间，神宗一面起用新党的蔡确出任宰相；一面又召用旧党的吕公著出任枢密副使，同时也对司马光寄予厚望。不过，大政皆出自神宗的决断，士大夫已很难像在仁宗朝和熙宁年间那样主导国家的大政方针。

最典型的是首相王珪，被时人讥为"三旨相公"，因为他有三句口头禅：上朝进奏，说"取圣旨"；接受批阅，说"领圣旨"；归见下属，说"已得圣旨"。王珪的尸位素餐，说明宋太宗时代的独裁君主正在回归，与皇帝共治天下的士大夫政治受到了严峻挑战。

不过，也有一些士大夫敢于反对神宗的越矩行为。有一次，神宗因用兵失利，准备杀掉一名官员，遭到宰相蔡确的抵制。蔡确指出："祖宗以来，没有杀过士大夫。没想到这种事要从陛下开始了。"神宗又打算将这名官员发配从军，副宰相章惇反对说："如此，还不如将他杀了。"神宗问为什么。章惇答："士可杀，不可辱！"神宗气愤地说道："痛快的事真是一件也做不得！"章惇继续顶撞说："像这样的痛快事，做不得也好！"

乌台诗案

1079 年四月，苏轼调任知湖州（今浙江省湖州市），按惯例要给宋神宗写谢表。在表文中，苏轼流露出对新法的不满。当年七月，御史台官员李定等人接连弹劾苏轼。他

们对苏轼所作诗文采取牵强附会和断章取义的解读，声称苏轼在诗作中诽谤新法，愚弄皇帝，罪不容诛。苏轼因此被捕入狱。由于御史台别称乌台，案件又因诗而起，故此案被称为"乌台诗案"。

李定等人捕风捉影、随意栽赃，不仅手段卑劣，而且严重违背了北宋前期不因言罪人的祖宗之法。一个人因写诗而入狱，这是宋朝自开国以来从未有过的事！

乌台诗案在朝野激起轩然大波。在反对派的士大夫中，王安石的亲家、宰相吴充，退休在家的元老张方平，王安石之弟王安礼，以及苏轼的弟弟苏辙等人四下奔走，大力营救。重病在床的太皇太后曹氏也非常气愤，她把神宗叫到床前说："当年仁宗得到苏氏兄弟，非常高兴，说是得了宰相之才。仁宗觉得自己老了，怕用不上这两个人才，说要将苏轼兄弟留给子孙，好让他们承担大任。你现在反倒把苏轼下了大狱，真令人难过！"

面对李定等人的卑劣手段，变法派骨干也义愤填膺。苏轼的好友章惇不顾个人安危，竭力营救苏轼。他对神宗说："仁宗得苏轼，认为他是一代之宝。现在陛下却把他关进大狱，恐怕后人会说陛下不爱惜人才，而爱听阿谀奉承

之词！"早已在江宁府隐居、不问朝政多年的王安石，也愤怒异常，上书神宗说："哪儿有在大好时代里杀有才之士的道理！"

在多方营救之下，苏轼终于逃过一劫，但仍然被贬居黄州（今湖北省黄冈市黄州区）。五年后，他才被重新任用，迁知汝州（今河南省汝州市）。在履职的路上，苏轼专程探望了王安石，两人摒弃前嫌，诗赋唱和，携手登高，彼此赞佩，留下一段千古佳话。

乌台诗案表明，随着君主独裁专制的再度加强，以及变法期间政治格局的变化，北宋开国以来开明宽松的政治风气正在急剧收紧。

灵州、永乐之役

宋神宗实行富国强兵之法，一个远大的目标便是恢复汉唐旧疆，再现汉唐盛世。1081年，西夏梁太后发动政变，囚禁夏惠宗而临朝称制。鄜延路副总管种谔提议乘机发兵攻夏，神宗不顾知枢密院事孙固和同知枢密院事吕公著的反对，毅然决定发动战争。

此次战役，神宗部署了五路大军共同进攻。他以宦官李宪为主帅，出熙河路；外戚高遵裕出环庆路；刘昌祚出泾原路，受高遵裕节制；宦官王中正出河东路；种谔出鄜延路，受王中正节制。五路大军分头进军，计划在灵州（今宁夏回族自治区灵武市西南）会师，进而攻灭西夏。

宋军于八月正式出兵。种谔率军九万攻克米脂（今陕西省榆林市米脂县），随即轻兵冒进，至十一月，因军粮不继，又遇大雪，大批将士被冻死，生还者仅三万。王中正的部队军纪极差，在占领宥州（今内蒙古自治区鄂尔多斯市鄂托克前旗敖勒召其镇）一通烧杀劫掠后，因粮草断绝而死亡二万人，随即溃不成军。

高遵裕于十月兵不血刃地占领韦州（今宁夏回族自治区吴忠市同心县东北）。受其节制的刘昌祚率军五万大破三万夏军后，于十一月进逼灵州城下，几乎破城而入。然而，高遵裕忌功，命刘昌祚停止攻城，从而坐失良机。此后，宋军屯兵灵州，久攻不下，终被夏军击破，仅一万余人逃生。

主帅李宪率军十余万，于九月收复兰州（今甘肃省兰州

市）后，便迟疑不前。到十一月，李宪闻高遵裕、刘昌祚已败，遂奉诏回师。声势浩大的"五路伐夏"，就这样在惨败中结束。

灵州之役，宋军损失惨重，不过北宋在西夏东北方占领了军事重镇米脂等四寨，打通了北进横山（位于今陕西北部，为宋夏边界）的要道；在西北方控制了兰州，扩大了熙河开边的战果，在更大的范围内从腹背对西夏施加压力。

1082年，神宗采纳鄜延路经略安抚使沈括和副使种谔的建议，决定在横山一带筑城，作为进攻西夏的桥头堡。神宗派出给事中徐禧和宦官李舜举赴前线勘察，选择建城之地。这年八月，志大才疏的徐禧不顾众人反对，执意在缺水的永乐（今陕西省榆林市米脂县西北）建城。永乐建城后不久，西夏便派出倾国精锐前来攻取，宋军将士殊死奋战。但因徐禧刚愎自用，拒绝接受沈括等人的防守建议，致使战斗异常惨烈。九月中旬，永乐城陷落，守城宋军几乎全军覆没。

十月一日，神宗接到永乐城失陷的消息，悲愤涕泣，早朝时面对辅臣失声痛哭。灵州、永乐之役，宋军死伤军民六十万，神宗恢复汉唐旧疆的梦想彻底破灭，自此精神

萎靡不振，身体状况急转直下。1085 年三月，壮志未酬的
神宗病逝，年仅三十八岁。

❀ 思　考 ❀

（一）结合熙宁新法和元丰改制，想想为什么宋神宗时
期政治风气会发生改变？

（二）为什么乌台诗案没有酿成以文字狱杀士大夫的惨
祸？

（三）为什么北宋能够取得熙河开边的胜利，却在灵州、
永乐之役中惨败而归？

第三节

从元祐更化到绍圣绍述

元祐更化

1085年宋神宗去世后，年仅十岁的宋哲宗赵煦继位；英宗皇后高滔滔以太皇太后身份垂帘听政。

经历了熙丰变法，士大夫群体不分新党旧党，普遍反思了"一刀切"式的改革思路，对新法和政局产生了两个新的认识。

第一个认识是，法不分新旧，关键在于利国利民。比如新党的章惇主张废除保甲法和保马法，改良免役法。旧党的吕公著、范纯仁和苏轼也主张不要尽废新法，而应具体问题具体分析。

第二个认识是，人不分新旧，关键在于修补士大夫间的裂痕。新党宰相蔡确及后来执政的旧党宰相吕公著、范纯仁都主张新旧并用。

遗憾的是，这两种调和新旧矛盾的认识，并没有成为朝廷的指导思想。神宗去世前，遗命司马光与吕公著担任哲宗的师父。哲宗即位后，高太后任命司马光为门下侍郎、吕公著为尚书左丞，入朝参政。司马光建议广开言路，全面废除新法，并举荐文彦博、吕大防、刘挚等一大批旧党入朝。自七月起，新法被一一罢废，新党官员先后被贬。司马光还主张把神宗在熙河开边和灵州之役中攻占的西夏土地，全部归还西夏，以此结束宋夏间的战争状态，恢复两国和平。

旧党还通过经筵侍讲制度，选派士大夫担任小哲宗的老师，希望通过对哲宗的教育，将他塑造成符合旧党观念的明君，从而实现致君尧舜和三代之治的目标。

> 经筵侍讲制度是皇帝接受文化教育的制度。宋朝皇帝延请饱学之士入宫，为自己上课。负责为皇帝讲课的官员，统称经筵官，

包括翰林侍读学士、翰林侍读、侍读，翰林侍讲学士、侍讲学士、侍讲，以及崇政殿说书。经筵官定期为皇帝讲解经、史、诗、宝训（皇帝的言论）、时政记（皇帝与大臣商讨军国大事的记录）等内容。983年，宋太宗要求翰林学士每天到宫中为自己讲授经史；宋真宗又设立专门的翰林侍读学士和侍讲学士；至宋仁宗时，经筵制度正式确立。经筵侍讲有利于皇帝提高文化素养和治国理政能力，宋朝皇帝大多擅诗赋书画，原因就在于此。同时，经筵侍讲也是士大夫塑造和影响皇帝的重要方式和途径，因此备受士大夫重视，王安石熙宁变法、司马光元祐更化都曾将经筵侍讲作为重要的阵地。

　　1086年，哲宗改元元祐（1086—1094），司马光拜相。这场全面废除新法的运动，被称为"元祐更化"。

　　司马光一边倒式地废除新法，新党自然竭力反对，旧党也有不同意见。司马光要求在五天之内，各地废除免役法，恢复差役法。对此，首先提出反对意见的，是知枢密院事范纯仁。

范纯仁（1027—1101），字尧夫，范仲淹的第二子。他早年冒着被变法派打压的风险，直言不讳地批评王安石的新法改变了祖宗法度，搜刮聚敛，使百姓不得安宁。不过，范纯仁并不执着于是新法还是旧法，秉承的是实事求是的原则。因此，当司马光执意要以迅雷不及掩耳之势废除免役法时，范纯仁便提出了意见。他对司马光说："只要改掉免役法里面比较过分的内容就好了。至于差役法，我们仔细研究出一个方案，然后慢慢推行，便不会扰民。如果急急忙忙推行差役法，方案并不成熟，就会扰民。万一任用的官吏不合格，还会给老百姓带来更大的伤害。"

苏轼也不同意骤然将免役法改为差役法。当了多年地方官的他，比常年待在洛阳编书的司马光更了解民情。他根据自己的经验，告诉司马光，差役法和免役法各有利弊。结果司马光非常不高兴。苏轼忍不住说道："当年韩琦在陕西招募民兵，您正担任谏官，据理力争，反对这一举措。韩琦听了很不高兴，您却根本不顾。这可是您当年很骄傲、特别告诉我，甚至用来教育我的事情，现在您做了宰相，怎么就不许我把话说完了呢？"司马光这才稍微消了气。然而，对于苏轼的反对意见，司马光仍然不听。两人经常争得面红耳赤，气得苏轼回家后不禁大呼："司马牛！司马牛！"

但也有投机分子积极响应司马光的政策。知开封府蔡京本是新党，此刻却摇身一变，响应旧党。全国上下，只有蔡京在五天之内，不分青红皂白，将辖区内的免役法全部改成了差役法。司马光高兴地称赞蔡京："如果每个人都跟你一样，还有什么政策贯彻不了？"范纯仁却表示："你这是不让人说话！这与当年那些为了谋求富贵，而曲意迎合王安石的人有什么不同？"

虽然熙宁变法和元祐更化对新法的态度截然不同，但处理政务的方式却惊人地相似。王安石一刀切，容不得反对意见；司马光一边倒，听不进不同声音。王安石急于求成，使理财变成聚敛；司马光比王安石更急，安民也变成扰民。对此，南宋学者朱熹就指出，元祐更化不过是关着门讲道理，自以为是矫正新法之弊，结果又陷入因循守旧的泥潭中。

范纯仁罢相

1086 年四月，王安石去世。司马光闻讯，急忙给吕公著写信道："介甫（王安石的字）文章节义有许多过人之处，只因为不晓事体喜欢更张，才施行了变法。现在我们矫正其弊端，不幸介甫却去世了。那些反复无常的小人肯定要百般诋毁他。我们应该对他优加厚礼，拯救风气。"

司马光是王安石的好友，两人因为治国方略不同成为政治上的死敌，但他们都是忧国忧民的士大夫，彼此对对方的人格和才学抱有充分尊重。

其实，生长于宋仁宗之时、有为于宋神宗之际的士大夫们，大多以天下为己任又品德高尚。类似于司马光和王安石的例子还有不少。比如曾称赞王安石才华的欧阳修，也曾抨击王安石的新法，恼怒的王安石甚至称欧阳修"善于依附流俗"。但当欧阳修去世后，王安石作《祭欧阳文忠公文》，盛赞欧阳修，无一字贬损。

然而，这种令人神往的君子之风却随着王安石、司马光的相继离世，渐行渐远。

1086年九月，司马光去世，高太后继续执行元祐路线。在旧党内，司马光以个人威望压制的各种利益纠纷逐渐暴露出来。崇政殿说书程颐以师道自居，常对哲宗正色训诫，又主张一切用古礼。中书舍人苏轼讥讽程颐不近人情，两人因此不和。后来，程颐及其门人被称为"洛党"，苏轼等被称为"蜀党"，刘挚、梁焘等被称为"朔党"。三党交争不已，旧党分崩离析。

旧党与新党的矛盾也进一步激化。当时范纯仁已经升任右相，常常引导哲宗要心胸宽广，也希望刷新士大夫的风气，特别是要缓和朝政中的党争情绪。新党的章惇因得罪了高太后而被罢为地方官，朝廷本来顾及章惇的父亲年老，让章惇就近任职，可不久便打消了这一念头。范纯仁闻讯，马上请求不计章惇的罪过，建议体恤他的个人情况。新党的邓绾这时也被言官接二连三地弹劾，范纯仁又出面，向高太后道："臣当年曾遭受邓绾诬陷而被贬官，现在却要为邓绾说几句话。降职时，朝廷不应该把他的过失一笔笔算得太清楚。"高太后听从了范纯仁的建议。

新党的蔡确罢相被贬后，曾赋诗十章，被梁焘等指为讥讪高太后。盛怒之下，高太后听从平章军国重事文彦博的建议，将蔡确贬至环境恶劣的岭南新州（今广东省云浮市新兴县），史称"车盖亭诗案"。

范纯仁极力反对这种文字狱。当他听说蔡确流放岭南后，不禁感慨："这条流放之路，自从真宗末年以来，已经快七十年没有用过了。我们现在重新将它开启，恐怕以后自己也不免要流放岭南了。"他面谏高太后道，"圣朝应该宽厚，不能因为语言文字之间暧昧不明的过错，就诛杀流放宰相。现在的措施，都将成为以后效仿的对象，这种事情不能就此开了先河。"

与此同时，支持贬谪蔡确的刘挚也反对将其贬至岭南，建议将蔡确流放至近一点的地方。可惜这一次高太后不依不饶，对这些意见一概否决，并宣称："山可移，此州不可移！"梁焘等人乘机扩大打击面，甚至开具了"蔡确亲党"和"王安石亲党"的名单，对新党穷追猛打。

范纯仁不顾个人安危，再次挺身而出，建议高太后高抬贵手，不要扩大追究范围。正直的范纯仁这一次终于引火烧身。梁焘等人掉转枪头，对范纯仁发起弹劾。1089年，范纯仁以党附蔡确的罪名遭到罢相。

范纯仁人如其名，他是一位纯粹的仁者。王安石推行新法时，他在地方上任职，凡是新法中有扰民的举措，他一律拒绝执行；元祐更化，司马光尽废新法，他又敢于指出新法不必皆废，只要改掉扰民之政即可；到了元祐后期，旧党对章惇、蔡确大肆挞伐，又是他挺身而出，不计较个人得失，为这些失势之人说公道话。在哲宗朝异常激烈的党争中，范纯仁始终一身正气，以公道论曲直，不以党争论是非。《宋史》评价他有父亲范仲淹的风范。

蔡确最终客死岭南，这使得新党对高太后和旧党怨恨至深。元祐更化期间，朝野上下充斥着党同伐异。熙丰变法时士大夫间的裂缝不但没有得到修补，反而越来越大。而在党争中成长起来的士大夫，也逐渐失去了君子之风。北宋政局朝着愈发危险的方向行进。

绍圣绍述

1093 年九月，高太后病逝，宋哲宗亲政。哲宗对高太后长期不满，并一心要继承宋神宗富国强兵的遗志。1094年，哲宗罢免左相吕大防、右相范纯仁、门下侍郎苏辙，任命章惇为左相，改元绍圣（1094—1098），宣布"绍述熙丰"（继承熙宁、元丰时期的政治路线），全面恢复神宗新法。

绍述期间，以左相章惇、尚书右丞蔡卞、知枢密院事曾布为首的新党，先后恢复了免役法、保甲法、青苗法和市易法。1098年，又将青苗法、免役法、农田水利法和保甲法的相关法令汇编成书，以《常平免役敕令》的名义颁行全国。各项新法基本上依照熙丰时期的模式推行，但对具体细节做了调整，以解决熙丰新法产生的弊端。

章惇、曾布等人还恢复了对西夏的开边活动。1095年八月，朝廷开始采用进筑堡寨、开拓疆土的战略，先后在宋夏边境修筑了五十余座堡寨，攻占河东路西北、陕西路横山和天都山一线的一系列战略要地，并多次击败夏军。

1097年四月，北宋修筑平夏城（今宁夏回族自治区固原市北），控扼西夏南下的咽喉。次年十月，梁太后率三十万夏军亲征平夏城，遭到宋军重创。这是宋夏战争中少有的大捷，扭转了宋朝长期以来被动挨打的局面。

1099年，宋军攻占青唐，设立鄯州（今青海省西宁市）和湟州（今青海省海东市乐都区南），并平定了当地吐蕃部落在西夏支持下的叛乱。到这年十二月，西夏请和，表示臣服。而北宋因军费开支浩大，财政雪上加霜，也不得不停止了战争。

士大夫政治的失败

章惇虽然有富国强兵之志，但为人狭隘偏激，这为绍圣绍述蒙上挥之不去的阴影。在恢复新法、开边的同时，他与蔡卞仿照车盖亭诗案的做法，对旧党公然报复。宋哲宗因在元祐更化期间，经常遭到旧党轻视，也怀恨在心。于是，在章惇等人的鼓动下，哲宗追贬早已去世的司马光、吕公著等人，罗列旧党名单，将吕大防、刘挚、苏辙、苏轼、梁焘等流放到岭南。连深受哲宗器重的范纯仁，也被贬至永州。高太后更被斥为"老奸擅国"。

章惇、蔡卞还组织人员对宋神宗以来士大夫所写的疏奏进行审查，以此来确认士大夫的思想和立场，作为选用士人的依据。在这种极端高压的政策下，北宋前期宽松的政治环境荡然无存，士大夫的独立性和责任感逐渐消亡。

　　新党内部也在进一步分裂。立场相对中立的曾布攻击章惇、蔡卞对旧党的处理是报私怨，指责章惇任用小人，专恣弄权；但曾布此举的目的也并非扭转政治风气，而是为了谋取个人利益。章惇与蔡京、蔡卞兄弟原本政见一致，后来也发展到相互倾轧的地步。

　　当时朝中也有一些持中守正的士大夫上书直言，如陈瓘呼吁消除门户之见，公正持平，救弊治国；邹浩弹劾章惇，规谏哲宗。但结果却是陈瓘被贬出朝廷，邹浩流放岭南。

　　至此，昔日变法的路线之争，已被党同伐异取代。实现致君尧舜和三代之治的理想被许多士大夫束之高阁，取而代之的是对政治立场的选择和对当权者的依附。

　　哲宗在位的十五年间，元祐更化是一次折腾，绍圣绍述又是一次折腾。经过两次折腾，北宋政局越发混乱，士大夫元气大伤，士大夫政治不可避免地走向了失败。

※ 思　考 ※

（一）该如何评价元祐更化？你认为元祐更化中的哪些措施是合理的，哪些是不合理的？

（二）该怎样看待绍圣绍述？你觉得宋哲宗是否继承了宋神宗的政治路线与遗志？

（三）为什么说士大夫政治在宋哲宗时期走向了失败？

第四节 戛然而止的『盛世』

建中靖国

1100 年正月，宋哲宗病逝。哲宗无子，宋神宗的皇后向氏提议立神宗第十一子端王赵佶为帝。左相章惇尖锐地指出："端王轻佻，不可以君天下！"但曾布、蔡卞对章惇进行了呵斥。大局既定，赵佶得以继位，是为宋徽宗（1100—1126 在位）。向太后垂帘听政，至七月撤帘，徽宗亲政。

徽宗登基之初，励精图治。对于旧党，他起用名相韩琦之子韩忠彦为左相，范纯仁之弟范纯礼为尚书右丞，又以宰执的待遇召还范纯仁。当时范纯仁已风烛残年，无法参政。徽宗虽不得不许之，但仍时常询问范纯仁的身体状况，并感慨道："范纯仁，得一识面足矣！"徽宗还恢复了文彦博、司马光、刘挚等三十三位旧党大臣的名誉和官职，尊奉被哲宗废黜的孟皇后为元祐皇后。对于新党，徽宗一面将章惇、蔡卞、蔡京等人贬斥出朝；一面升任立场中立的曾布为右相，以李清臣和王安石弟子陆佃等人为执政。

徽宗广开言路，察纳雅言。他鼓励社会各阶层广泛上书，并下诏说："如果上书的言论能够被采用，朕一定有赏；如果话说得不合适，朕也不加罪。"徽宗又将陈瓘、邹浩等直臣召回，担任谏官。在徽宗的鼓舞下，上至官员，下至百姓，都纷纷上书，献计献策。徽宗也总是虚心纳谏，从善如流。

这年底，徽宗明确表示，元祐更化、绍圣绍述都有过失，现在要以大公至正的精神来治理国家，消除党争。他将次年的年号改为"建中靖国"。建中，就是在新旧之间不偏不倚；靖国，就是要安定团结。自熙宁变法以来，被党争的阴霾压得喘不过气来的士大夫，终于迎来了一缕阳光。

明末清初思想家王夫之曾说："徽宗之初政，粲然可观。"徽宗除旧布新，去奸任贤，开了一个好局。倘若能够坚持下去，北宋末年的政局或许会是另一番气象。但好景不长，徽宗不久便重用蔡京等人。蔡京等人以恢复新法的名义，盘剥百姓，无恶不作。不少民众被迫揭竿而起，爆发了宋江、方腊等农民起义。后因外交政策严重失误，导致1126年金军兵临城下。他于危难之中，禅位于太子赵桓。1127年被金人掳去，1135年死于五国城（今黑龙江省哈尔滨市依兰县）。

元祐党籍碑

建中之政实施不久，曾布便原形毕露。在他的影响下，韩忠彦被罢相，蔡京入朝，宋徽宗重拾"绍述"之说。1101年十一月，徽宗正式宣布次年改元崇宁，朝廷重新回到对新法一边倒的路线上。

1102年七月，蔡京取代曾布为宰相。蔡京（1047—1126），字元长，兴化军仙游（今福建省莆田市仙游县）人。

熙丰变法期间，他与新党关系密切，其胞弟蔡卞为王安石女婿。后来元祐更化，蔡京转而积极响应司马光废除免役法的命令。绍圣绍述，蔡京又转身一变，以新党元老的姿态，怂恿章惇改行免役法。其投机政治、反复无常如此。宋徽宗即位后，蔡京被贬出朝，但不久通过结交宦官童贯而还朝。他在徽宗朝的二十多年间四次拜相，与童贯、王黼、梁师成、杨戬、朱勔、李彦、高俅等人执掌军政大权，无恶不作，北宋陷入极度腐朽黑暗的时期。

蔡京拜相后，将文彦博、吕公著、司马光、苏轼、苏辙、程颐等一百二十人列入元祐奸党；又对向太后听政时上书言事者进行审查，不合己意者皆定为邪等；最后将这些所谓"奸党""邪等"共三百零九人合列为"元祐党籍"，由徽宗御笔书写，在文德殿门刻石后颁行全国，称"元祐党籍碑"。被列入党籍的，重者流放远地，轻者赋闲贬黜，子弟也受到种种限制。元祐皇后也再度被废。

北宋皇帝对政务的书面批示，称为"内批"。它与内降一样，虽然属于皇帝的指示性文件，却不具备法律效力。宋徽宗为了突显皇帝的个人权威，将内批改名为御笔，并规定御笔拥有法律效力，可以绕过宰执机构，直接下达至有关部门执行。这样，徽宗个人的非法要求得以畅通无阻；在徽宗的纵容下，宰相蔡京也往往事无巨细，假托御笔发号施令。御笔的实施，导致君权的恶性膨胀，北宋的君主独裁程度达到巅峰。

讽刺的是，名列元祐党籍者，有章惇、李清臣、陆佃这些资深新党；有被徽宗赞为"得一识面足矣"的范纯仁；有因直言敢谏而被命为谏官的陈瓘、邹浩；还有大批在徽宗"如果话说得不合适，朕也不加罪"的号召下，积极献言献策的士大夫和老百姓。可见，所谓元祐党籍，针对的已远远不只旧党，而是所有与徽宗、蔡京意见不同的人。

丰亨豫大，惟王不会

蔡京排除异己，以元祐党籍掩丑；宋徽宗尽情享乐，

则搬出了士大夫的政治理想遮羞。

1106 年，徽宗对大臣讲，蔡京执掌财政，从来不会说钱不够花，而只是引用儒家经典《周官》里"惟王不会"的说法。惟王不会，按宋人理解，是指对尧舜这样的理想君主，可以竭尽天下之力来奉养。

1116 年，徽宗在诏书中又提出"丰亨豫大"。《丰》《豫》是《周易》中的两卦，按宋人解释，是指圣人在上、大臣在下，最终使天下之人和悦安乐的理想统治。

有理想的君主（尧舜之君）、理想的大臣（任天下之事）和理想的统治成效（天下之人和悦安乐），就是"丰亨豫大"与"惟王不会"，就是"极盛之时"。而这本来是士大夫群体孜孜以求的致君尧舜与三代之治。

在这样的政治口号下，徽宗建设了一系列形象工程。一方面，推行制礼作乐、社会救济、宗室存养、兴建学校等"善政"，以表明天下人皆和悦安乐；一方面又崇兴道教，不断人为地制造祥瑞，甚至把自己打造成天神下凡，以表明自己是尧舜圣君。

在熙丰变法后，历经元祐更化、绍圣绍述，至徽宗时，士大夫的政治理想被彻底扭曲。"一道德，同风俗"变成了政治整顿，"致君尧舜"变成了天神下凡，"三代之治"变成了宗教祥瑞。在诸多变质的口号中，徽宗时期的北宋进入了"极盛之时"。

🌀 "太平盛世"与艺术巅峰

在我国古代，一个标准的盛世，除了有太平的景象外，还要有昌盛的文化。因此，历朝历代的皇帝在标榜自己创造了太平盛世的同时，总是喜欢附庸风雅。宋徽宗也不例外。不过与其他大多数皇帝不同，徽宗确实极具艺术天赋。

早在做皇帝前，徽宗就喜欢书画、图书、古玩、花石，而且有极高的造诣。他独创瘦金体书法，笔迹瘦劲，如屈铁断金。他的花鸟画体物入微，精细逼真。他又善诗词，通音律。正因如此，徽宗才能将诗、书、画、印融为一体，对元明以后的绘画产生了深远影响。徽宗让文臣编撰了《宣和书谱》《宣和画谱》《宣和博古图》，将宫中收藏的商代以来的书法、绘画、青铜器编录成书，为后世的书画

和青铜器研究奠定了重要基础。

在徽宗的大力支持下，北宋的艺术成就趋于巅峰。当时，朝廷设有翰林图画院，云集了北宋大批顶级画家。这些画家佳作频出，最著名的当属张择端的《清明上河图》。

张择端供职于翰林图画院，擅长风俗画。《清明上河图》描绘了当时东京开封城的繁华景象。打开画卷，开封郊外的田园风光，汴河之上的舟船云集，街头闹市的车水马龙，勾栏瓦肆的熙熙攘攘，随着精妙的笔触，映入眼帘。士、农、工、商，医、卜、僧、道，胥吏、缆夫，妇女、儿童，各色市民齐聚街市，或牵牛，或赶驴，或骑马，或乘轿，或饮酒聚谈，或闲逛采买，生动形象，惟妙惟肖。一眼望去，仿佛置身于这座 12 世纪全世界最繁华的城市。《清明上河图》细腻地描绘了清明时节，人们到汴河去的风俗人情，再现了开封东南地区城内外汴河两岸的繁荣景象，如今已是国宝级文物，珍藏在故宫博物院。

与《清明上河图》交相辉映的，是一部名为《东京梦华录》的著作。作者孟元老在东京开封城生活了二十余年。北宋灭亡后，他避难江南，追忆旧事，写下了这部书。《东京梦华录》记载了北宋后期开封的节令、物产与民风。书

中的开封富庶繁华，市民生活热闹非凡。仅开封各行各业的店铺，《东京梦华录》就记载了一百多家，其中半数是酒楼和餐馆，其他还有客店、面店、米行、鱼行、茶坊、药铺、金银铺、彩帛铺、珠子铺、香药铺等等。书中还记录了夜市，是宋代才开始繁荣的，足见宋徽宗"丰亨豫"大之时，都城开封的丰饶景象。

《清明上河图》和《东京梦华录》一定程度上再现了开封城的繁荣景象。只就东京开封城来看，徽宗确实有理由相信，北宋在他的统治下进入了太平盛世。

然而，北宋只有一座开封城。在更广阔的大宋土地上，民众正深陷水深火热之中。即便是开封城里的"盛世"，也仍旧危机潜伏。张择端在《清明上河图》中留下了官衙门口懒散的士兵、沿街乞讨的乞丐、大街上乱跑的猪，辛辣嘲讽着所谓的"太平盛世"。而当后来国破之际，孟元老再忆东京往事，已是恍如隔世，犹如徽宗的盛世之政，不过黄粱一梦。

君不似君，相不似相

在丰亨豫大等政治口号下，宋徽宗仿照熙宁变法时的制置三司条例司，设置讲议司，由蔡京负责，以"不患无财，患不能理财"的名义，推行新法。但此时的新法已面目全非。如免役法在恢复后，役钱大涨，有的地方役钱竟由元丰时每年四百贯增加到近三万贯。方田均税法不仅在推行过程中肆意增税，而且地主豪强公然行贿，官员在丈量土地时翻云覆雨，豪强由此减免税赋，将负担转嫁到社会中下层身上。蔡京还推行新的盐法、茶法，进一步与民争利，增加朝廷的专利收入，百姓被摊派买盐，大量盐商、茶商破产。

1116 年，徽宗命宦官杨戬在京西路设置公田所；后又让宦官李彦设置西城括田所。李彦在北方打着将官地、荒地等土地收归朝廷的旗号，指鹿为马，将大量民田指作"天荒"，掠为"公田"，并收取"公田钱"。大批百姓被夺去田产。

为了满足自己的穷奢极欲，徽宗搜刮聚敛，大兴土木。1105 年，他命朱勔在苏州设立应奉局，专门搜罗江浙的奇

花异石进奉至开封。朱勔看上了谁家的石头、树木，便派人闯入民宅，说这石头或树木是皇帝的物品，然后拆屋破墙，将它们运上船，顺着运河、淮河、汴河运往开封。当时的河流上往往修有桥梁，可由于有些花石过于巨大，运输的船只无法从桥下通过，朱勔便命令拆桥毁城。至于重修房屋、桥梁的费用，自然是老百姓自己承担。朱勔运送的花石规模庞大，动辄要用数十艘船运送，每十艘编为一纲，称为"花石纲"。运输一块石头，要强征大量百姓服役，花费三十万贯钱，大量中产家庭因此倾家荡产，就更不要提底层民众了。

1114年，徽宗在蔡京的提议下，建成新延福宫；三年后又开工修建皇家园林艮岳；他还大兴道教，不断制造"太平盛世"的祥瑞。新延福宫和艮岳不仅艺术水平极高，也是徽宗标榜"极盛之时"的标志性工程，只可惜在这样的"盛世"之下，万骨皆枯。

徽宗如此，大臣们就更加肆无忌惮。当时，蔡京、童贯、王黼、梁师成、朱勔和李彦被合称为"六贼"。六人朋比为奸，鱼肉百姓，朝堂被他们搞得乌烟瘴气。

这些奸臣极力搜刮钱财，过着骄奢淫逸的生活。蔡京的府第宏大宽敞，府中园林树木参天；每到蔡京过生日，各地都要献纳大宗礼物，称"生辰纲"。宦官童贯执掌军权，利用职务之便，贪污军需，家中金银珠宝堆积如山。他还与王黼公然卖官鬻爵，朝野上下贿赂成风，腐败不堪。

为建立不朽的功业，徽宗频频发动战争。1103—1104年，王厚率宋军收复了被吐蕃重新占据的湟、鄯、廓（今青海省黄南藏族自治州尖扎县北）等州；北宋旋即挑衅西夏。1114年，西夏攻环庆路，徽宗以宦官童贯为陕西经略使，筑堡开边，但城寨多建于不毛之地，难以防守。宋夏之间多次爆发大规模战斗，互有胜负。1120年，徽宗与新兴的金朝结盟，夹击辽朝，并于1123年从金朝购得燕京，但由此开启了北宋的灭亡之路。

对于宋徽宗的统治，明末清初思想家王夫之批评道："君王不像一国的君王，宰相不像君王的宰相。徽宗君臣就像垂垂老矣的儿童，游手好闲的浪子，依靠早已离散的人心，来应对时局巨变。这些没有一样不显示出北宋的必亡之势！"

🌀 宋江、方腊起义

在宋徽宗君臣的黑暗统治下，大批不堪重负、倾家荡产的老百姓，被迫铤而走险。

　　1118 年，河北、京东发生水灾，大量农民流离失所。
1119 年，京东路的农民在宋江的带领下揭竿而起。义军活
跃在河北、京东、淮南一带。1121 年，宋江等三十六名首
领接受了招安。宋江起义虽然规模不大，但活动区域距开
封较近，对宋朝构成了直接威胁。元末明初，施耐庵等人

以此为原型，创作了小说《水浒传》，宋江起义的故事从此家喻户晓。

就在宋江转战京东路的时候，两浙地区爆发了北宋末年规模最大的农民起义——方腊起义。

徽宗在两浙路大兴花石纲之役，对当地的农民、工匠百般搜刮，民众忍无可忍。1120年十月，睦州青溪（今浙江省杭州市淳安县西北）西部山区帮源峒的漆园主方腊利用摩尼教组织民众，发动起义。数日之内，义军就从千余发展至十万之众。

摩尼教是公元3世纪中叶，在波斯（今伊朗）萨珊王朝兴起的一种宗教，因创始人摩尼而得名。唐高宗以后，摩尼教传入中国，佛道色彩日益浓厚。唐武宗会昌灭佛时，摩尼教遭到打击，被迫转入地下，成为民间秘密宗教。入宋前后，摩尼教演变为明教，以"清净、光明、大力、智慧"为教义，多次被农民起义利用。

方腊自称"圣公"，建元永乐，署官命将，建立政权。在不到三个月的时间内，义军先后攻占睦（今浙江省建德市东）、歙（今安徽省黄山市歙县）、杭、婺（今浙江省金华市）、衢（今浙江省衢州市衢江区）、处（今浙江省丽水市西北）等六州五十二县。徽宗君臣大为震惊。

1121 年正月，徽宗派童贯率京畿禁军和陕西蕃、汉兵十五万南下，镇压起义。义军接连战败，杭州、歙州、睦州、青溪相继失陷。方腊率余部退守帮源峒。四月末，宋军血洗帮源峒，义军七万多人被杀。方腊被宋将韩世忠俘虏，押往开封处死。义军余部继续在浙东战斗，直到 1122 年三月才最后失败。

🌀 金朝建立与海上之盟

女真族生活在今黑龙江和松花江流域，其祖先可追溯至先秦的肃慎。辽兴宗时，活动于按出虎水（今黑龙江省哈尔滨市东南阿什河）一带的女真完颜部发展壮大，逐渐形成了以其为核心的女真部落联盟，完颜部酋长长期垄断联盟

首领，并由辽朝册封为节度使。

与完颜女真蒸蒸日上相反，辽朝却暮气沉沉。1031年辽圣宗去世后，继任的辽兴宗耶律宗真（1031—1055在位）对外征讨西夏大败而归，内政也越发腐败，辽朝盛极而衰。其子辽道宗耶律洪基（1055—1101在位）卖官鬻爵，佞佛成性，叛乱此起彼伏，辽朝加剧衰落。其后继位的辽天祚帝耶律延禧（1101—1125在位）更是"拒谏饰非，穷奢极欲"。辽朝已然与宋徽宗治下的宋朝一样岌岌可危，真可谓难兄难弟。

天祚帝时，辽朝对女真的压榨变本加厉，引起女真人强烈不满。1113年，完颜部酋长完颜阿骨打（汉名完颜旻）继任女真联盟首领，称都勃极烈。次年，阿骨打起兵反辽，一举攻下辽朝在东北的重镇宁江州（今吉林省松原市北伯都乡伯都村古城）。

1115年元旦，阿骨打称帝，建立金朝，是为金太祖（1115—1123在位）。太祖立国，庶事草创，制度质朴。当时甚至没有宫室城郭，只将太祖所居之处称为"皇帝寨"（今黑龙江省哈尔滨市阿城区南白城）。1119年，太祖颁行女真大字，女真人自此有了文字。

　　　　1138 年，金熙宗完颜亶又颁行了女真小字。女真大字和女真小字统称为女真文。女真文创制后，主要用于官方文件。到了 12 世纪后期，才开始以女真文翻译汉文的经书。1234 年金朝灭亡，女真文仍通用于我国东北地区的女真各部落中，直到 15 世纪中叶才逐渐被废弃。

　　金朝立国当年，便开始了对辽朝的军事进攻。1115 年九月，金军攻占黄龙府（今吉林省长春市农安县），又大破辽天祚帝亲征大军；1116 年，攻占东京辽阳府（今辽宁省辽阳市）；1120 年，再破上京临潢府（今内蒙古自治区巴林左旗林东镇南波罗城）。

　　辽军兵败如山倒的消息传入开封，宋徽宗君臣认为辽朝必亡，遂背弃澶渊之盟以来宋、辽的和平约定，决定联金灭辽，收复燕云。1120 年，宋、金约定：双方夹击辽朝，金军攻取辽的中京大定府（今内蒙古自治区赤峰市宁城县大明镇），宋军攻取辽的南京析津府（今北京市）和西京大同

府（今山西省大同市）；灭辽后，燕京（即辽南京）归宋，宋将原来送与辽朝的岁币转输金朝。由于宋朝的使臣自今山东渡海赴金谈判，故史称"海上之盟"。

1122 年，金军以破竹之势，先后攻克辽中京、西京；而童贯率领的宋军，却接连在燕京城下被辽军击溃。金太祖看穿了宋朝纸老虎的本质，遂于年底亲率大军攻克燕京。宋朝在同意每年向金朝支付三十万匹绢、二十万两银和一百万贯钱后，金朝才将燕京地区的六州二十四县交给宋朝。1123 年，宋朝号称收复的燕京城，不过是一座被金朝洗劫一空、残败不堪的空城。

虽然如此，徽宗仍自诩完成了宋太祖、宋太宗未竟的伟业，命人撰写《复燕云碑》吹嘘颂德；宰相王黼等人加官晋爵，宦官童贯更因收复之功加封为王。徽宗君臣沉浸在不世之功的喜悦中，却不知金朝已经磨刀霍霍了。

李纲守东京

在攻打燕京和交涉燕京归属的过程中，宋朝政治军事的腐朽状况在金朝面前暴露无遗。金太祖死后，其弟金太宗完颜晟（女真名完颜吴乞买，1123—1135 在位）积极谋划攻宋事宜。1125 年二月，金军俘获辽天祚帝，辽朝灭亡；十月，金朝便乘胜攻宋，以完颜宗翰（女真名完颜粘罕）率西路军攻太原府，完颜宗望（女真名完颜斡离不）率东路军攻燕山府（即燕京）。十二月，宋燕山府守将降金，宗望兵锋直逼宋朝都城开封。宋军望风而降，金军如入无人之境，安然渡过黄河。

危难关头，宋徽宗竟然传位给太子赵桓（宋钦宗，1126—1127 在位），出京逃命去了。被迫即位的钦宗一面宣布御驾亲征，一面又同意宰相白时中、李邦彦等的建议，也准备弃国都而逃亡。

关键时刻，兵部侍郎李纲挺身而出，竭力阻止钦宗君臣的逃跑计划。李纲（1083—1140），字伯纪，号梁溪先生，祖籍邵武（今福建省邵武市）。李纲问钦宗道："道君皇帝（指徽宗）将祖宗社稷授予陛下，陛下难道可以弃城而去吗？"钦宗闻言，默不作声。

白时中坚决认为都城开封守不住了。李纲便说道："全天下的城池，哪儿还有像都城这样坚固的呢？而且宗庙

社稷、百官万民都在都城里，舍弃了都城，又能去哪儿呢？"

钦宗回头看着宰执们，询问道："现在该怎么办？"不等白时中等人接话，李纲便又向钦宗进陈："今日之计，应该整饬兵马，团结民心，与军民共同坚守，等待勤王（指臣下发兵救援岌岌可危的君主）之师。"钦宗又问，谁能带兵守城。李纲指出，组织开封保卫战，宰执责无旁贷。这一下可气坏了白时中，他没好气地反问："李纲，你能不能带兵出战？"李纲掷地有声地回答："如果让我带兵，我愿意以死报国！"

李纲的决心终于打动了钦宗，他被任命为尚书右丞，成为执政。可钦宗马上又产生动摇，数次准备亡命天涯。李纲一再苦谏，甚至痛哭跪拜，以死相阻拦。钦宗最后一次准备南逃时，禁卫都已经身披铠甲，即将护送他出城了。不过，对于钦宗这种贪生怕死的行为，禁卫将士也很不满。李纲见状，急忙高呼："你们愿意守卫社稷，还是愿意跟着陛下出城？"将士们异口同声："愿意死守！"李纲又对钦宗说："现在军队将士们的父母妻子都在城中，愿意死守，万一陛下出行途中，有将士跑回来，陛下还靠谁来护卫？

而且敌兵已经临近，如果知道陛下出行未远，必然会快马加鞭去追，陛下又靠什么来拒敌？"李纲的话，句句击中要害。既然逃跑会被金人抓住，那还不如坚守城池。钦宗这次终于下定决心，不再逃了。于是，李纲传旨："敢再说弃城而去的人，斩！"禁卫的将士听罢，都拜伏于地，高呼"万岁！"其他将士听见呼声，无不感激流涕。

李纲被任命为亲征行营使，担负起保卫开封的重责。仅用了三四天，他就巩固了开封的防务。完颜宗望兵临开封城下，发起猛烈攻势，被奋勇抗战的军民一次又一次击退。金军伤亡惨重，开封城却依然屹立不倒。

不久，种师道等率领的勤王部队陆续云集开封，宋军已达二十余万，而金军只有六万。种师道是一代名将，他认为金军孤军深入，宋军只要严密防守，金军必然陷入困境。

李纲则向钦宗提出，由自己统一指挥种师道的部队，以集中宋军力量，彻底击退金军。可到了如此紧急关头，钦宗居然仍抱着"事为之防，曲为之制"的祖宗家法不放。他不但驳回了李纲的请求，还放任另一名将领姚平仲率军劫营。结果被金军大败，姚平仲弃军而逃。

宋军兵力上占有绝对优势，但因为军事指挥权不统一，战斗力被大大削弱。恰在此时，完颜宗望放出了宋金议和的橄榄枝。懦弱的钦宗竟然罢免李纲和种师道，同意割地赔款。此举引起开封军民的强烈抗议。迫于舆论压力，钦宗终于重新起用李纲和种师道。

得知钦宗重新重用李纲，完颜宗望自知短期内开封难以攻克，自己反倒可能陷入被城内外宋军夹攻的危险境地，于是萌生了退意。在获得了从城中搜刮来的大量金银，以及钦宗对割让河北三处重镇的承诺后，宗望终于退军。

在李纲的坚持与组织下，东京开封终于取得了保卫战的胜利。

> 1124 年，辽朝宗室耶律大石远走可敦城（今蒙古国布尔根省鄂尔浑河与图拉河之间的青托罗盖城），自立为王。辽朝灭亡后，大石率军西征，并于 1132 年在叶密立（今新疆维吾尔自治区伊犁哈萨克自治州塔城地区额敏县）称帝，是为辽德宗（1132—1143 在位）。德宗仍沿用辽国号，故史称"西辽"或

"哈喇契丹（黑契丹）"。1134 年，德宗在楚河南岸的八剌沙衮（今吉尔吉斯斯坦楚河州托克马克市东南）建都，号为虎思斡耳朵。西辽以今我国新疆和中亚地区为统治中心，是当地众多政权的宗主国，盛极一时。西辽末年，国势衰落。1211 年，乃蛮部首领屈出律篡夺西辽政权；1218 年，西辽最终为成吉思汗统治下的大蒙古国所灭。

靖康之变

正当李纲和开封军民在奋力抵抗金军时，徽宗早已经逃到了镇江逍遥快活。大敌当前，徽宗居然在镇江大兴土木，建造园林，每月开销高达二十万。而且，早已"甩锅"当了太上皇的徽宗，这时候又以君主自居，根本不愿放权，自长江以南，钦宗根本指挥不动，这些地方只听徽宗的。镇江俨然成为宋朝的第二个朝廷。

徽宗的胡作非为引起钦宗君臣的强烈不满。东京保卫战取胜后，在朝臣的要求下，徽宗优哉游哉地回到了国都。在朝野的呼吁下，以蔡京为首的六贼被贬官流放或处斩，失去爪牙的徽宗也终于渐渐丧失了权力。这大概是钦宗亲自干得最漂亮的一件事，可也是最后一件。

此后的钦宗，昏招迭出。他命宋军主力救援被完颜宗翰围困的太原，但因指挥不当，宋军均被击破，主力消耗殆尽。八月，金军卷土重来。九月，宗翰攻陷太原；十月，宗望攻陷真定府（今河北省石家庄市正定县）。当时种师道

已死，李纲被贬，主和派控制的朝廷不仅遣返了各路援军，还撤除了开封的防御工事。

十一月，金军前锋抵达开封城下。闰十一月，金军攻城，城中宋军兵力有限，士气不振。危急时刻，宰相孙傅向钦宗引荐"奇人"郭京。郭京自称精通法术，可以"六甲神兵"退敌。病急乱投医的钦宗竟然对郭京委以重任。于是，郭京选拔了一批乌合之众组成"神兵"；又以防止法术被看到而失灵为由，将守城的宋军士兵全部赶下城墙。郭京大开城门，驱"神兵"退敌，结果自然被金军杀得大败。金军乘机攻入开封，钦宗亲自前往金营求降，献上降表。

1127年四月，金军俘虏徽、钦二帝和后妃、皇子、宗室贵戚等人北撤。宋朝皇室的宝玺、舆服、法物、礼器、浑天仪，府库与官户、民户的金银钱帛，均被金军洗劫一空。北宋王朝在号称的"极盛之时"中灭亡。因这一年是靖康二年，史称"靖康之变"。

被掠去的后妃公主多遭金人强暴，男人则被逼着在冰天雪地里服苦役。1135年，五十四岁的徽宗不堪折磨，死于五国城；1156年，五十七岁的钦宗也在此地去世。

☀ 思 考 ☀

（一）为什么熙宁新法和士大夫的政治理想，会沦为宋徽宗君臣穷奢极欲的工具？

（二）如何看待《清明上河图》与《东京梦华录》中描绘的"太平盛世"景象？

（三）你认为宋朝应该与金朝结盟，夹击辽朝吗？为什么？

这样好读的历史

宋代的繁华

下

刘路 / 著

人民文学出版社　天天出版社

第四章

建炎中兴

绍兴和议虽然换来了和平，但并没有减轻南宋老百姓的负担。高宗在临安大兴土木，不惜花费巨资扩建宫室，兴建佛寺道观；韦太后生活奢靡，宫中赏赐无度。秦桧一家更是生活糜烂，广置家产，连张俊、刘光世的府第，最终也落入他的手中。上行下效，满朝文武纷纷营造豪华大宅，兼并土地，穷奢极欲。各地官员贪腐横行，贿赂成风。

建炎南渡

第一节

南宋开始与宗泽抗金

1127 年，金军从开封撤退前夕，逼迫原北宋宰相张邦昌做皇帝，建立伪楚傀儡政权，统治黄河以南地区。五月，宋徽宗第九子康王赵构即位于南京应天府（今河南省商丘市），改元建炎，是为宋高宗（1127—1162 在位）。张邦昌遂还政于赵氏，南宋王朝开始。

1126 年金军第一次围困开封时，赵构以康王身份同宰相张邦昌赴金营议和，因无畏生死而被释放。金军再度围困开封时，他

被宋钦宗任命为河北兵马大元帅，却远走避敌。靖康之变后，赵构即位。

高宗即位之初，为稳定人心，起用李纲为相。李纲推荐宗泽为东京留守、张所为河北西路招抚使、王璞为河东经制使、傅亮为经制副使，积极联络河北、河东的抗金义军，制订收复失地的计划。

然而，高宗却与黄潜善、汪伯彦等主和派官员狼狈为奸，千方百计破坏李纲的部署。李纲任相仅七十五天即被罢免。为打压朝野抗金的呼声，高宗不惜违背"不得杀士大夫和上书言事者"的祖宗之法，将上书言事、力主抗金的太学生陈东和士人欧阳澈杀害。

十月，高宗将行在（相当于临时都城）南迁至扬州（今江苏省扬州市），苟安享乐；北方的宋军和义军则在宗泽的指挥下浴血奋战。

宗泽（1060—1128），字汝霖，婺州义乌（今浙江省义乌市）人。早在靖康之变前，他就曾不顾个人安危，到磁州（今河北省邯郸市磁县）准备抗金。南宋建立后，他主动联络黄河以北的抗金义军，在稳住开封周边局势的同时，谋划北伐以收复失地。

当时，北方有不少抗金武装，都自愿接受宗泽的领导，最著名的当数王彦的八字军。王彦原是河北西路招抚使张所的部下。李纲罢相后，张所也被贬，河北西路招抚司被撤销。王彦失去上级领导，与金军几经交战，最后率领残部七百余人，退守卫州共城（今河南省辉县市）的西山。为了表示宁死不屈的斗志，王彦及其部属都在脸部刺上"赤心报国，誓杀金贼"八字，人称八字军。河北、河东的民兵群起响应，八字军发展至十万人，数败金军，威名大震。后来，王彦与其他抗金义军领袖纷纷听命于宗泽，并同宗泽共同制订了北伐计划，抗金形势一片大好。

宗泽一面筹划北伐，一面数次呼吁高宗回到东京，主持收复失地，但都被高宗拒绝。宗泽忧愤成疾。1128 年，他在连呼"过河！过河！过河！"后，溘然长逝。接任东京留守的杜充一反宗泽所为，抗金形势一落千丈。

1129 年，金军进攻扬州，高宗仓皇渡江，逃至杭州（今浙江省杭州市）。军中将领苗傅、刘正彦发动兵变，高宗一度被迫退位。后经同签书枢密院事吕颐浩、礼部侍郎张浚联络，武将韩世忠、刘光世、张俊率军平叛。高宗复位，

并升杭州为临安府。

同年，杜充放弃开封，退驻建康府（今江苏省南京市）。当年冬，金将完颜宗弼（女真名完颜兀术）攻克建康。杜充投降，高宗再度出逃，流亡至越州（今浙江省绍兴市）、明州（今浙江省宁波市）等地，漂泊于海上以避敌。

韩世忠大战黄天荡

韩世忠（1090—1151），字良臣，绥德军（今陕西省榆林市绥德县）人。他是南宋初年的抗金名将，与岳飞等人并称"中兴四将"。韩世忠出身贫寒，十八岁从军，在与西夏的战斗中英勇善战。后来，他参与镇压方腊起义，并俘虏了方腊。他还曾从征燕京。1126年以后，韩世忠在河北坚持抗金数年，颇有威名。南宋建立后，他扈从宋高宗南迁，并打了一场让他名扬千古的战斗——黄天荡之战。

金军统帅完颜宗弼在攻克建康后，率金军主力一路南追，号称搜山检海也要捉住宋高宗。1130年正月，高宗一行乘海船逃至温州（今浙江省温州市），金军自明州乘船入海追击。在沈家门（今浙江省舟山市南）附近海域，枢密院提领海船张公裕率宋水军击败金军。金军主力孤军深入，不善水战，已成强弩之末，宗弼便声称搜山检海已毕，在大肆劫掠一番后，焚明州北撤。

三月，宗弼率金军准备从镇江府（今江苏省镇江市）渡江北归，韩世忠率八千水军埋伏于焦山寺附近的江面上，截断了金军归路。双方展开激烈的水战，韩世忠夫人梁氏（民间传说中的梁红玉）亲自击鼓助战，宋军士气大振，奋勇杀敌。金军无心恋战，损失严重。

韩世忠拒绝了宗弼的贿赂和借道要求，将金军逼入建康东北七十里处的黄天荡。宋军堵住出口，金军屡次突围失败后，陷入绝境。最后，宗弼另挖水道，才让战船驶入长江。四月，金军以火攻击退前来堵截的韩世忠水军，安然撤退。与此同时，岳飞收复建康。

黄天荡之战，宋金两军相持达四十余日，虽然最后没有取胜，但金军从此不敢渡江。

高宗闻听金军北撤后，终于从温州泛海北上，回到越州。1131年，高宗改元绍兴，寓意"绍祚中兴"。十月，升越州为绍兴府。1132年正月，高宗回到临安府，南宋自

此在江南站稳脚跟。不过，为了做出恢复中原的姿态，临

安始终被称为行在。

吴玠保卫川陕

金军在结束江南战事后，将进攻南宋的重点转向陕西
地区。

当时，知枢密院事、川陕京湖宣抚处置使张浚坐镇秦州（今甘肃省天水市），节制陕西五路人马。宋高宗为缓解江南的压力，命张浚找准时机出兵，将金军主力吸引到陕西来。张浚也误以为金军主力滞留江淮，遂于1130年九月，集结四十万军队于富平（今陕西渭南市富平县），发动对金朝的战略反攻。

十四日，右副元帅完颜宗辅（女真名完颜讹里朵）和完颜宗弼、完颜娄室率领金军与宋军决战于富平，双方从清晨恶战至中午。这是宋金交战以来规模最大的一次会战，金军集中进攻宋军的薄弱环节，导致宋军大溃。南宋彻底丧失对陕西的控制权，只能退保川蜀。都统制吴玠整编宋军残部，退守大散关（今陕西省宝鸡市西南）东的和尚原。

吴玠（1093—1139），字晋卿，德顺军陇干（今甘肃省平凉市静宁县）人，是南宋初抗金名将。他少年参军，在徽宗、钦宗时，参加防御西夏、镇压方腊的战斗，屡立战功。1128年，吴玠在青溪岭（今甘肃省平凉市泾川县西南）大败金军，又收复华州（今陕西省渭南市华州区）。此后，他和弟弟吴璘受到经略川陕的张浚器重，受命共掌张浚帐前亲兵。

富平之战溃败后，吴玠积极防守和尚原。1131年十月，宗弼亲率数万大军进攻和尚原。吴玠依托险要地形，命宋军持强弓劲弩轮番怒射，箭如雨下。金军难以抵挡，加之粮道被宋军切断，被迫后退。行至三十里，遭到宋军伏击，金军死伤以万计，宗弼也身中两箭，逃回燕京，命完颜杲（女真名完颜撒离喝）经略陕西，与吴玠继续对峙。和尚原之战，是金军灭辽破宋以来的首次惨败。

1133 年正月，金军攻克金州（今陕西省安康市），吴玠驰援饶风关（今陕西省安康市石泉县西北）抵敌战败，兴元府（今陕西省汉中市）随即失陷。但不久宋军便收复金州，完颜杲孤军深入，补给困难，被迫放弃兴元。

饶风关之战后，吴玠改变战略部署，放弃远离蜀地的和尚原，另于西南的仙人关（今甘肃陇南市徽县东南）修建营垒，取名杀金坪，建构阻挡金军入蜀的防线。1134 年二月，完颜宗弼、完颜杲率十万金军直扑仙人关。吴玠以一万军队阻击，后其弟吴璘率援军至，两军合力，经过三日大战，彻底击溃金军。自此，金朝放弃了由陕入蜀的战略。四月，吴玠收复凤（今陕西省宝鸡市凤县东凤州镇）、秦、陇（今陕西省宝鸡市陇县）三州，川陕形势终于稳定。此后，吴玠以仙人关为大本营，主持川陕战守大计。《宋史·吴玠

传》评价说，要是没有吴玠，南宋早就把川蜀丢了。

🌀 岳飞克复襄汉

1130年九月，金朝册立南宋降臣刘豫为大齐皇帝，建立伪齐傀儡政权，统治黄河以南金朝的占领区。金朝将伪齐作为自己与南宋之间的缓冲区，一方面有利于巩固自己占领的黄河以北地区，另一方面企图以伪齐攻灭南宋，伪齐遂成为南宋首先要直面的敌人。

1133年，伪齐攻占包括襄阳府（今湖北省襄阳市）在内的襄汉诸州府，对江南的南宋朝廷形成巨大威胁。次年，神武后军统制岳飞请兵北伐，获得宋高宗批准。

岳飞（1103—1142），字鹏举，相州汤阴（今河南省安阳市汤阴县）人，南宋"中兴四将"之一。岳飞作为抗金名将，在中国可谓家喻户晓。1126年，二十四岁的岳飞决定投军抗金，临行前，其母请人在岳飞背上刺下"尽忠报国"四字。

岳飞最初隶属于宗泽，后来随杜充南撤。1130年，在韩世忠从水路于黄天荡击败完颜宗弼之际，他从陆路率部收复了建康。为了表彰岳飞忠义的品性和高超的军事作战能力，宋高宗赐予他亲自书写的"精忠岳飞"的战旗。后来的文学作品里，常常将"尽忠报国"和"精忠岳飞"搞混，于是便有了岳母刺字"精忠报国"的说法。

1134 年五月，岳飞率军出征，发动了第一次北伐。一举收复郢州（今湖北省钟祥市）、随州（今湖北省随州市）和襄阳。在攻克随州的战斗中，岳飞长子、十六岁的岳云身先士卒，勇冠三军，第一个冲上城头。

六月，伪齐将领李成率军反扑，号称拥兵三十万。岳飞帐下虎将王贵、牛皋纷纷请战。岳飞却笑着说："且慢。此贼屡次败在我手下，我还以为他能有所长进，好好练兵，可现在看来，他还是这么浅薄愚昧。步兵发挥优势要借山川之险，骑兵发挥优势要靠一马平川。李成却把骑兵部署在江岸，把步兵安排在平地，就算有十万之众，又能干得了什么！"他举起马鞭指着王贵说，"你率长枪步卒，从李成右侧攻击骑兵。"又对牛皋说，"你率骑兵，从李成左侧攻击步兵。"安排妥当后，岳飞发动进攻，李成一败涂地。岳家军追奔逐北，敌军横尸二十余里。

败报频传，刘豫大为震惊，集结伪齐和金朝的数万重兵，驻扎于邓州（今河南省邓州市）西北。宋廷闻讯，大为惶恐，要求岳飞终止北伐。但岳飞毫无畏惧，于七月大破敌军，进而收复邓州。岳云又是第一个攻上邓州城的勇士，但岳飞认为岳云已有随州之功，遂不再向朝廷报功。

　　邓州决战后，岳家军一鼓作气，收复了唐州（今河南省南阳市唐河县）和信阳军（今河南省信阳市）。至此，襄汉六郡全部收复，这是南宋建立以来第一次收复大片失地。

　　克复襄汉是岳飞发动的第一次北伐。此战之后，岳家军以英勇善战、军纪严明闻名于世。岳飞率大军还屯鄂州

（今湖北省武汉市武昌区），任湖北路、荆襄潭州制置使，并超升为节度使。当时，武将建节（拜节度使）是至高荣誉，岳飞之前建节的大将有刘光世、韩世忠、张俊和吴玠。岳飞因战功而以三十二岁建节，骤然与诸大将平列，在当时绝无仅有。

钟相、杨幺起义

南宋建立后，朝廷打着抗金的旗号，巧立各种苛捐杂税，大肆搜刮民脂民膏；南宋官军与各路流寇也时常打家劫舍。百姓无以聊生，终于被逼得揭竿而起。在众多的农民起义中，规模和影响最大的是钟相、杨幺起义。

北宋末年，鼎州武陵（今湖南省常德市）人钟相利用秘密宗教组织民众。1130 年，钟相发动起义，自称楚王，建立大楚政权，控制了洞庭湖周围的十九县，并在洞庭湖中建立水寨。钟相宣称："法分贵贱贫富，就不是好法；我行法，要等贵贱，均贫富！"贫苦百姓深受吸引，纷纷响应起义。

这年三月，钟相被流寇孔彦舟杀害，义军推举杨幺（又作杨么，本名杨太）为领袖，继续战斗。杨幺自称"大圣天王"，立钟相幼子为太子，仍以洞庭湖为根据地，实行在陆上耕地、在水中作战的方针，势力很快发展至二十五万人。1133年，南宋数万大军联合围剿。杨幺诱敌深入，南宋官军遭到重创，一万水军全军覆没。宋廷又派遣官员去招安，结果都被杨幺处决。

1135年五月，右相兼知枢密院事、都督诸路军马张浚坐镇潭州（今湖南省长沙市），并从抗金前线调回岳飞镇压义军。岳飞采用剿抚并用的策略，诱降了少数义军首领，了解了义军内情。他派人暗中打开西洞庭湖的堰闸，降低水位；又命官军以巨筏堵塞河道；接着将大量青草束投入湖中，以阻挠义军的车船行使。准备妥当后，岳飞于六月向杨幺发起总攻，杨幺战败，被俘遇害，起义失败。

杨幺起义期间，南宋官军与义军都使用了车船。这种船形制雄伟，分两到三层，大者长十六丈，高七丈余，可载千余人。车船上装有翼轮，每一双翼轮贯一根轴，称为一

"车"；轴上设有踏板，人踩踏踏板，翼轮激水，从而带动车船行驶。当时出现了三四十车的大船，进退灵活，行驶快速。车船的前后左右各设长达十余丈的拍竿，用来发射巨石攻击敌船。车船代表了当时先进的内河船建造技术。

战后，岳飞将义军中数万强壮者编入岳家军，壮大了抗金力量；同时遣散老弱者，让他们耕种荒田，恢复社会生产。荆湖地区渐渐稳定下来，这为岳飞的抗金事业提供了稳定的后方。

❀ 思 考 ❀

（一）怎样评价宋高宗在建立南宋后，一路南逃？

（二）为什么金朝渡江后，依然无力灭亡南宋？

第一次绍兴和议

自 1134 年至 1136 年，宋军又多次击败伪齐和金朝联军的南攻，南宋渐渐扭转了靖康之变以来的不利局面，开始在宋金战争中略占上风。

然而，宋高宗害怕金朝放出宋徽宗、宋钦宗作为傀儡来与自己抗衡，从而影响到自己的帝位，因此不惜坚持对金屈辱乞和。1137 年初，徽宗去世的噩耗传至宋廷，高宗派使者赴金，迎奉徽宗灵柩，乘机向金朝表示投降乞和之意。同年，宋廷罢免了畏敌怯战的淮西军主将刘光世，但因处置失策，引发淮西兵变，朝野震惊。主战的右相张浚

引咎辞职，高宗又乘机取消了岳飞的北伐计划。

另一方面，金朝内部也发生了变化。1135 年金太宗去世，金熙宗完颜亶（1135—1150 在位）继位，支持伪齐的完颜宗翰（粘罕）逐渐失势。1137 年宗翰去世，在左副元帅完颜昌（女真名完颜挞懒）的坚持下，金朝废黜了伪齐政权。宋高宗大受鼓舞，决定屈辱乞和。

1138 年三月，高宗起用被完颜昌放归的秦桧为右相兼枢密使，进行极其屈辱的乞和活动，招致南宋军、民、士大夫的强烈反对。

秦桧（1090—1155）字会之，江宁（今江苏省南京市）人，北宋末曾任御史中丞。东京保卫战时，他曾力主抗金。靖康之变后，秦桧又反对拥立张邦昌为伪帝，因此得罪金人，与徽宗、钦宗一起被拘往北方，后被金太宗赐予完颜昌。1130 年，秦桧返回南京，相传他是完颜昌特意放回的奸细。不久，秦桧被任命为礼部尚书，并进一步升任宰相。

　　东南三大将中，岳飞当面向高宗明确表示："夷狄（指金朝）不能相信，和好也不能依赖，宰相为国家谋划的战略有问题，恐怕会遭到后世的讥讽和议论。"此后又连续上书，坚持要北伐收复失地。韩世忠亦反对议和，请兵与金朝决战，并主动请缨到前沿战地。只有张俊为博得高宗欢心，支持议和。

　　士大夫也群情激愤。左相赵鼎、参知政事刘大中、枢密副使王庶及部分侍从、台谏官员，或对议和不支持，或公开上书反对；前宰相李纲、张浚也对议和提出抗议。枢密院编修官胡铨更是上奏，斥责高宗"竭力搜刮民脂民膏而不抚恤，忘却国家大仇而不报"，并要求斩秦桧之流以谢天下。

　　当时，临安全城鼎沸，街上有人打出"秦相公（指秦桧）是细作！"的榜帖，爱国军人甚至扬言要发动兵变，杀死秦桧。

　　然而，高宗竟然无视公议，扶持秦桧，罢免赵鼎等人，流放胡铨，起用主和派并控制舆论。他接受了对金朝称臣纳贡的屈辱条件，并由秦桧等宰执代自己向金朝使臣行跪

拜礼。

1139 年正月，宋金第一次绍兴议和达成，宋朝在名义上从金朝手中收复陕西、河南等地。高宗立即宣布大赦天下，对百官加官晋爵。但吴玠认为，这种屈辱求和根本无贺可言，因此拒绝上表祝贺。岳飞更是提醒朝廷："现在的形势，可认为危险，而不可认为安定；可担忧，而不可庆贺；可加强军备防止金人来袭，而不可论功行赏让夷狄取笑。"这当然引起高宗与秦桧的强烈不满。不幸的是，这场议和的结果，被岳飞言中了。

顺昌大捷

就在宋金议和的 1139 年，金朝内部形势又发生变化。完颜昌所属一派失势，完颜昌被杀；完颜宗干（女真名完颜斡本）、完颜宗弼一派大获全胜。宗干升任太师，宗弼升任都元帅，掌握军政大权。在二人支持下，金熙宗于 1140 年五月撕毁与南宋初步达成的和议，发兵分道伐宋，迅速夺回陕西、河南之地。宗弼更是亲至开封，随即率主力南下。

宋军将士奋勇抗敌。在西部的川陕战场，吴璘阻挡住完颜杲的强劲攻势。在东部的淮东战场，韩世忠攻取海州（今江苏省连云港市），一度进围淮阳军（今江苏省邳州市西南）；在淮西，张俊与王德采取攻势，进驻宿州（今安徽省宿州市）和亳州（今安徽省亳州市）。

双方的主力对决集中在中部。五月，南宋东京副留守刘锜率万余八字军进驻顺昌府（今安徽省阜阳市）。六月，宗弼率金军主力十余万到达顺昌，出动"铁浮图"和"拐子马"夹击宋军。刘锜以逸待劳，以少击众，大破金军，杀敌一万五千余。宗弼狼狈逃回开封。

> 金军习惯用左、右两翼骑兵，进行迂回侧击。按照宋时的行阵术语，这种左、右翼骑兵称为"拐子马"。"铁浮图"也称铁塔兵，形容重甲骑兵装束得如同铁塔一样。铁浮图每三匹马用皮索连接起来，像一堵墙一样向前进行正面冲击，最适合冲阵。

岳飞北伐

顺昌大捷后，宋军进入战略反攻，岳飞发动了以收复故都开封为目标的第四次北伐。早先，岳飞就制定了"连结河朔"的战略方针，积极联络北方抗金义军。他派梁兴等义军首领深入黄河以北，攻拔州县，袭扰金军；自己亲率主力北上，一路势如破竹，收复蔡州（今河南省驻马店市汝南县）、颍昌府（今河南省许昌市）、淮宁府（今河南省周口市淮阳区）、郑州（今河南省郑州市）、河南府（今河南省洛阳市东）等地，进驻郾城（今河南省漯河市郾城区）；又派偏师驻扎颍昌府，对完颜宗弼的大本营开封形成战略包围。

然而，宋高宗和秦桧害怕继续战争会进一步得罪金人，要求各路兵马停止进击。张俊自亳州南撤，刘锜驻顺昌不前，韩世忠攻淮阳不下，岳飞渐孤立无援。

七月上旬，完颜宗弼乘机率一万五千精骑直扑郾城，企图利用平原地形，充分发挥拐子马优势，彻底消灭岳家军。这是一场前所未有的恶战，岳飞亲自出战。他神色严峻地对岳云说："你必须打赢了才能回来！如果打不赢，我先斩你！"当天下午，岳云与岳飞爱将杨再兴率骑兵突入敌阵；岳飞也亲率四十骑跃马突驰。岳家军利用巧妙的战术，使拐子马无法发挥威力。

完颜宗弼眼见骑兵会战不能取胜，又将精练的铁浮图投入战斗。岳飞当即命步兵手持提刀、大斧等上阵，专砍马足。只要一马仆地，另外两马就无法奔驰。铁浮图军顿时乱作一团。岳家军乘胜进击，宗弼大败。七月中旬，宗弼转攻颍昌，被早有防备的岳家军再度重创。金军将士无不哀叹："撼山易，撼岳家军难！"

郾城、颍昌大捷，极大地鼓舞了河北抗金义军的士气。北方义军纷纷响应，大河南北捷报频传。岳飞也备受鼓舞，对部属说："这次杀金人，要一直杀到黄龙府！到时候，我与诸君痛快淋漓地饮酒！"

七月十八日，岳飞再度进军。宗弼被迫将十万大军屯驻于开封西南四十五里的朱仙镇，以阻挡岳家军。此时金军的士气已低落到极点，与岳家军前哨五百铁骑稍一交锋，便全军崩溃。河北义军也闻风响应，攻城略地。

大河南北的形势已经逆转。被拘留在金朝的宋使洪皓在家书中写道："顺昌之败，岳帅之来，这里都感到十分震恐！"完颜宗弼甚至准备放弃开封，渡河北遁。

当时，除岳家军外，其余各路宋军或南撤或停驻。岳飞孤军深入，兵力分散，继续北伐存在风险。面对如此大好的北伐形势，岳飞上书高宗，请求诸路大军火速挺进，一举击败金朝，收复失地。然而，只想苟安的高宗和秦桧却严令各路大军停止攻击，高宗特发十二道金牌要求岳飞班师。

七月十九日，岳飞不得不奉命从郾城退兵。他悲愤地说："所得诸郡，一旦都休！社稷江山，难以中兴！乾坤世界，无由再复！"又不禁哀叹，"十年之力，废于一旦！"到七月底，岳飞收复的诸州府，已全部被金朝重新占领。

岳飞的这次北伐，虽因高宗和秦桧的作梗而半途而废，但岳飞北伐的精神却被后人总结为"还我河山"，鼓舞着一代又一代的仁人志士。

在今天杭州西湖畔的岳王庙内，岳飞塑像之上高悬着"还我河山"的匾额，相传为岳飞手迹。其实，这是民国时期的文人周承忠与实业家童世亨集钩而成的。

1921年，童世亨将自己编著的《中国

形势一览图》改正重印，为了激励国人，他
委托周承忠在扉页上书写"还我河山"四
字。周承忠怕自己写不好，就从相传是岳
飞所书《吊古战场文》的拓本中，找出
"还""我""河""山"四个字。后来童
世亨从相传是岳飞手书的《出师表》中找出
了"岳飞"的署名作为落款，又从杭州岳庙
石刻拓本中找出"岳飞私印"四字的方章。
由此便有了后来广为流传的"还我河山"。
也有学者认为，《吊古战场文》和《出师表》
其实并非岳飞手迹。"还我河山"虽非岳飞
手书，却仍然是岳飞精神的体现。

❀ 思　考 ❀

（一）如何评价第一次绍兴和议？

屈辱『中兴』

第三节

新旧党争的终结

北宋末年，宋徽宗与蔡京等人打着新法的幌子横征暴敛、穷奢极欲，极大地败坏了新法与新党的名声。宋钦宗即位后，惩治了祸国殃民的蔡京集团。右正言崔鹏上书斥责蔡京误国，同时首次把矛头指向了王安石和熙宁变法；洛学传人杨时在论及蔡京罪行时，也上溯到王安石变法，甚至还将矛头指向了荆公新学。在舆论压力下，钦宗重新肯定了元祐政治和元祐党人，对王安石及其学说进行打压。

南宋初年，宋高宗君臣对北宋的灭亡进行反思，他们得出的结论是：北宋亡于蔡京、王黼等人之手，而这些人都是以"绍述"为旗号的。追溯其根源，当始于王安石发起的熙宁变法。因此，北宋的灭亡，王安石是罪魁祸首。

另一方面，靖康之变后，元祐皇后孟氏曾被伪楚皇帝张邦昌请出垂帘听政。高宗即位后，元祐皇后撤帘还政。元祐皇后本为主持"元祐更化"的太皇太后高氏所立，先后两次被推行新法的宋哲宗、宋徽宗废黜，因而具有"元祐之政"的象征意义。为了提高自身合法性，高宗极力尊奉元祐皇后，表示要对徽宗朝的政治改弦更张，自然也竭力以元祐之政为是。

正是在这样的背景下，一方面，高宗于1134年自称"朕最爱元祐"，废黜熙丰新法、恢复元祐旧制成为南宋的政治基调。自熙宁变法以来，持续六十余年的新旧之争至此彻底落下帷幕，士大夫政治的环境恢复稳定；但另一方面，变法以来的革新精神也逐渐消弭，南宋士大夫的治国思想渐趋保守僵化。

中枢机构的重建

靖康之变后，宋代以三省和枢密院为核心的中枢机构全面崩溃。宋高宗建立南宋后，为了实行统治，着力重建中枢机构。

频繁发生的战争和千变万化的战局，对决策和行政效率提出了极高的要求。因此，新的南宋中枢机构都是以效率为优先的。1129 年，作为宰相机构的三省合并为中书门下省和尚书省两省，宰相改为左仆射兼同中书门下平章事（左相）和右仆射兼同中书门下平章事（右相），副相恢复为参知政事。到了 1172 年，宋孝宗进一步将宰相更名为左、右丞相。枢密院在得到重建后，往往由宰相兼任枢密使，统管军、民大政，以应对宋金战争的紧张局势。与北宋相比，南宋宰相的军事权力大为扩张。

收夺三大将兵权

自宋朝建立以来，崇文抑武、防范武人一直是"祖宗之法"，士大夫对武人常存成见与戒心。南宋初，为了对抗金朝，武人获得了空前的权力和地位。南宋还成立了四个宣抚司，统管四个防御金军的战区。宣抚司的最高长官分别由韩世忠、张俊、岳飞和吴玠担任，他们凌驾于文臣出任的地方官员之上；诸大将所统军队，也往往被称为"某家军"，如岳飞的岳家军、韩世忠的韩家军、张俊的张家军。不过，也有一些武将飞扬跋扈，如张俊、刘光世都曾拒绝朝廷调遣，甚至还发生过武将苗傅、刘正彦逼迫高宗退位的"苗刘兵变"。

正因如此，南宋绝大部分士大夫不分主战主和，也不分官职大小，一致认为应当对武将收夺兵权。早在1129年，起居郎胡寅就上书，要求高宗收夺诸大将兵权。在宰相中，不仅主和的秦桧、主守的赵鼎主张收兵权，就连主战的吕颐浩、张浚等人也认为应对武将进行限制。

宋高宗本人更是一心收夺兵权。随着宋金对峙局面逐渐形成，高宗开始剪除来自武人的威胁。1141年，完颜宗弼再度南征，被宋军在柘皋镇（今安徽巢湖东北）击退；后两军又在淮西激战，宗弼旋即撤军。

这年四月，高宗以柘皋之捷论功行赏的名义，召东南

三大将韩世忠、张俊、岳飞赴临安；实际上，则是让宰相秦桧出面，收夺三大将的兵权。

韩世忠和张俊早早到达临安，而岳飞却迟迟未至。心怀鬼胎的秦桧和王次翁焦躁不安。两人谋划，第二天先带三大将到西湖去参加酒宴。可到了第二天，岳飞还是没到。秦桧正要出去见韩、张二人，转而又对身边的官员说："姑且等岳飞来。"然后命令继续大摆酒席，拖延时间。

就这样，等了六七天，岳飞终于到了临安。当天，高宗一面继续在西湖设宴，款待三大将；一面又召见秦桧和王次翁，命他们连夜起草任命三大将入枢密院的诏书。王次翁后来对儿子回忆说："夺兵权这事，我跟秦相谋划了很长时间。虽然外面看起来我们显得很悠闲，可实际上我们晚上都愁得睡不着觉。"

就这样，韩世忠和张俊升任为枢密使，岳飞升为副使，可三人兵权却同时被收夺了。南宋朝廷恢复了对军队的控制能力，抑制了武人力量膨胀的趋势。

韩世忠和岳飞对朝廷此举感到突然，张俊却积极附和秦桧，带头交出兵权。原来，张俊事先得到秦桧许诺，在罢免诸大将后，将兵权交给他执掌。

为了防止韩世忠和岳飞联手抵制，高宗将韩世忠留在临安，而派张俊和岳飞到韩世忠原驻地楚州去肢解韩家军，撤回江北防务。尽管岳飞极力反对，但张俊在秦桧的授意下，诬陷韩世忠谋反。总算高宗认为韩世忠还算听话，又曾在平定苗刘兵变中护驾有功，及时制止了陷害韩世忠的行为。岳飞因不愿附和秦桧，被迫于八月辞官赋闲。

这无异于南宋版的"杯酒释兵权"。然而，宋太祖的"杯酒释兵权"，是一场充满兄弟情义的喜剧；而宋高宗的"杯酒释兵权"，则是充斥着奇耻大辱与刀光剑影的丑剧和悲剧。

🌀 第二次绍兴和议

一方面，随着东南三大将交出兵权，再也没有什么能阻止高宗和秦桧的乞和。秦桧更因收夺兵权有功，由右相进升为左相。另一方面，金朝实际掌权者完颜宗弼也认识到无法灭亡南宋，于是生出和谈之意。高宗立刻派出使者，表示自己愿意屈膝臣服。韩世忠屡次上书阻止，均被高宗

拒绝。

十一月，金朝遣使节到临安，单方面提出了苛刻的议和条款。对此，连秦桧都感到为难，认为自古签订和约都是双方反复交涉的结果，岂能一方说了算。可是高宗乞和心切，对金朝的要求竟然全盘答应。

1142年二月，宋金正式达成第二次和议，史称"绍兴和议"。和议的内容主要有四条：

第一，南宋对金称臣，"世世子孙，谨守臣节"；

第二，宋金东以淮河中流、西以大散关一线为界，南宋将唐、邓两州和商、秦两州部分割让给金朝；

第三，南宋向金朝每年纳岁贡银二十五万两，绢二十五万匹；

第四，金朝放归高宗的生母韦太后，归还徽宗的梓宫（即棺材）；南宋遣返自北方投奔而来之人，以及已在金朝任官或居住的原宋朝官员的家属。

在给金朝的誓表中，高宗自称"臣构"；金朝则派出使臣"册康王为宋帝"。至此，宋金南北对峙的局面正式确立，宋金关系转入以和平为主，这对于南北各自社会经济的恢复发展，具有一定意义。

但是，高宗为一己之私，在南宋略占上风的情况下，称臣、割地、纳贡，毫无气节地签下如此屈辱的和议，可谓卑劣至极。宋理宗时的学者吕中就痛斥道："以前都是战败才求和，现在是战胜而求和！以前都是战败才割地，现在是战胜而割地！"

岳飞之死

绍兴和议订立前，金朝提出一个条件。1140 年十月，完颜宗弼给秦桧写信说："必须杀死岳飞，在这之后可以议和。"

岳飞主张北伐，早已成为屈膝乞和的宋高宗和秦桧的眼中钉。在与金人议和的同时，杀害岳飞的阴谋也在紧锣密鼓地进行。

王贵和张宪是岳飞最得力的部将。岳飞被解除兵权后，二人分别担任鄂州驻扎御前诸军都统制和副都统制。

秦桧和张俊最初利诱王贵，让他诬陷岳飞谋反，王贵不肯；后来张俊掌握了王贵一些不为人知的私事，迫使王贵就范。

秦桧又派人指使岳飞旧部王俊诬告张宪。1141年九月，王俊向王贵告发张宪想据襄阳谋反，王贵将此事报告给张俊。张宪随即被捕，岳飞、岳云父子也因此被捕入大理寺狱。

高宗特设诏狱审讯岳飞，由御史中丞何铸主审。何铸曾受秦桧指使弹劾岳飞，但在审讯过程中，他被岳飞尽忠报国的精神打动，在秦桧面前力辩岳飞无辜。秦桧无奈，向他透露："这是主上的意思！"何铸仍不退让，愤愤不平地说："我哪儿是为了区区一个岳飞！强敌未灭，无故杀一员大将，丧失军心，这不是能让江山社稷长久的计策！"秦桧无言以对，只好上奏高宗，改任万俟卨为御史中丞，继续审理。

岳飞已对高宗不抱任何幻想，叹息说："既然落在国贼秦桧的手里，我为国效力的忠心就全都完了！"他从此任凭狱卒严刑拷打，也不再争辩，只是提笔在狱案上写了八个大字："天日昭昭！天日昭昭！"

　　当时朝野上下的正直之士，包括宗室、官员、百姓，纷纷上书营救岳飞。早已杜门谢客、明哲保身的韩世忠更是挺身而出，质问秦桧岳飞何罪。秦桧冷冰冰地回答："岳飞和岳云勾结张宪谋反的事虽然不明，但这件事也许有吧（其事体莫须有）！"韩世忠气愤地说："'莫须有'三字，何以服天下！"

　　尽管查无实据，但在万俟卨的深文周纳下，岳飞仍被定为谋反大罪。十二月二十九日（1142年1月27日），万俟卨通过秦桧向高宗汇报，提出将岳飞处斩刑，张宪处绞刑，岳云处徒刑。高宗却当即下旨：岳飞赐死，张宪、岳云依军法处斩。当日，岳飞在大理寺狱中，被猛击胸肋而死；张宪、岳云在临安闹市处斩；岳飞与张宪的家属被流放岭南和福建。

　　　　在今天杭州西湖的东北角，有一座风波亭，据说是南宋大理寺狱中的亭名。在《说岳全传》等文学故事中，岳飞在风波亭里被迫饮下宋高宗赐下的毒酒，含冤而逝。不过，宋朝史料中并无相关记载。

一代抗金名将，冤死于号称"中兴"的君相之手。不久，岳家军遭到进一步肢解、裁撤，岳飞的幕僚、部将，乃至于营救岳飞的宗室、官员、百姓都遭到了迫害，轻则

贬官流放，重则有杀身之祸。

　　岳飞死后不久，绍兴和议正式达成。高宗在极大的屈辱与残忍的阴谋中，完成了所谓的"中兴大业"。

"自秦太师讲和，民间一日不如一日"

在绍兴和议中，金朝还有另一个附带条件，即宋高宗不得随意更换宰相。当时的宰相只有秦桧一人，这一条件实际上是要求高宗永远不得罢免秦桧。

这次和议订立后，秦桧因"功"加封太师。他倚仗金人支持，权势熏天，独揽大政十多年。他任用亲信，排除异己。哪怕是自己的党羽，只要稍不合己意，也动辄贬逐流放。

为了钳制抗金舆论，高宗与秦桧不惜违背祖宗之法，采取高压手段，大兴文字狱，实行特务统治。他们严禁士人上书言朝政，只允许歌颂"太平中兴圣政之美"，歌颂降金者甚至能升官。高宗和秦桧又任命秦桧之子秦熺主编官史日历，恣意篡改史实，并严禁私修史书。特务机关皇城司的逻卒布满临安，只要有人稍稍发表了不满言论，即被处以毒刑。由于朝廷讳言抗金，将领们遂以盘剥兵民为能事，南宋军政大坏，造成了极为严重的后果。

绍兴和议虽然换来了和平，但并没有减轻南宋老百姓的负担。高宗在临安大兴土木，不惜花费巨资扩建宫室，兴建佛寺道观；韦太后生活奢靡，宫中赏赐无度。秦桧一家更是生活糜烂，广置家产，连张俊、刘光世的府第，最终也落入他的手中。上行下效，满朝文武纷纷营造豪华大宅，兼并土地，穷奢极欲。各地官员贪腐横行，贿赂成风。

　　用以维持统治集团奢侈生活的钱财，自然来自竭力搜刮的民脂民膏。近二十年间，秦桧一家搜刮的钱财，竟然是朝廷的左藏库（国库之一，职掌收受四方财赋）的数倍。州县凡是遇到朝廷催促征收税费，都是"急于星火"。地方官巧立名目，多方聚敛；秦桧本人更秘密要求各路长官暗中增加百姓的赋税。另外，南宋创立征收总制钱，又继承徽宗时征收的经制钱，两笔费用合称经总制钱，涵盖范围极广，可谓雁过拔毛。在一些地区，征收的经总制钱甚至达到了正常税赋的三倍多。

　　秦桧有"太平翁翁"之称，绝不允许有不太平的消息传播。当时有大批州县遭遇洪灾，数万士民被淹死，秦桧却隐瞒不报；有谁透漏风声，秦桧必将他治罪。老百姓都在抱怨："自秦太师讲和，民间一日不如一日。"

　　1155 年，秦桧病死，朝野纷纷揭露秦桧一伙的罪恶。

高宗贬黜了一批秦桧亲党，也为一些受打击的官员平反。但总体而言，高宗除了接受秦桧长期独相的教训而频繁更换宰执外，完全继承了秦桧时期的政策，特别是维持屈辱的绍兴和议。

❋ 思　考 ❋

（一）如何评价宋高宗的建炎中兴？

（二）你认为宋高宗应当收夺兵权吗？他的收夺兵权，与宋太祖的杯酒释兵权有什么不同？

（三）比较绍兴和议与澶渊之盟、庆历和议，说说它们有什么相同点和不同点。

第五章

南北对峙

金朝的正隆南征与南宋的隆兴北伐均告失败，说明当时宋金双方势均力敌，都难以在短期内消灭对方。由此，两国理政的重点也逐渐从对外征战转向对内治理。

第一节

南渡之首

正隆南征与采石大捷

万里车书一混同，江南岂有别疆封？

提兵百万西湖侧，立马吴山第一峰！

这首气势雄迈的《题临安山水》并非汉人所作，而是出自一位女真族的金朝皇帝——完颜亮。

1148 年，完颜宗弼去世，金熙宗无力掌控朝局，贵族朝臣相互倾轧。1149 年十二月，完颜宗幹之子完颜亮弑熙宗自立，是为金海陵王（1150—1161 在位）。

完颜亮为巩固帝位，大肆屠杀宗室，但他继承了熙宗

遗政，继续推行中央集权改革。1150年，废汴京行台尚书省，将政令统一于朝廷。1151年，废除最高军事机构元帅府，仿汉制设立枢密院。1156年，废除形同虚设的中书省和门下省，尚书省成为皇帝直接控制的唯一行政机构。

完颜亮曾号称有三大志向：掌握国家大权，灭南宋，掠得天下美女。1151年，完颜亮迁都燕京（今北京市），改名中都大兴府，同时以汴京开封府为南京。1161年六月，完颜亮再迁都南京开封府；九月，不顾朝臣反对，发兵分道攻宋。因当年为正隆六年，故又称"正隆南征"。

宋高宗早在1159年就得到了金朝蓄谋南攻的情报。1160年，宋臣虞允文出使金朝，料定完颜亮必定毁约，回朝后请求朝廷加强防备。可是高宗置若罔闻。绍兴和议后，南宋军队素质退化，战斗力低下。完颜亮南征，高宗大为惶恐，仓促任命重病在身的宿将刘锜北上抗敌，结果被金军主力击败。

不过，金军南征也并非一帆风顺。金朝后方民众群起反抗；西路金军自大散关（今陕西省宝鸡市西南）入川，遭到吴璘率军抗击；准备从海路直捣临安（今浙江省杭州市）的金朝舰队，也在义军配合下，被宋将李宝率水军歼灭于陈家岛（今山东省青岛市附近）。

雪上加霜的是，完颜宗辅之子完颜雍在东京辽阳府（今辽宁省辽阳市）称帝，下诏废完颜亮为海陵郡王。完颜亮得知消息后，仍不愿罢兵，执意从采石（位于今安徽省马鞍山市西南）渡江灭宋。

中书舍人虞允文奉命犒军，行至采石，见从江北归来的宋军残兵败将群龙无首，立即召集诸将，号召抗敌。有人说："你只受命犒师，没受命督战。别人坏了事，你来背黑锅吗？"虞允文叱责道："危及社稷，岂能逃避！"在虞允文的号召下，宋军士气大涨。十一月，完颜亮指挥战舰渡江，虞允文利用南宋水军优势，大破金军，史称"采石大捷"。

此时金军已毫无斗志，军士大量逃亡。完颜亮却移师瓜洲（今属江苏省扬州市），勒令全军渡江，并下达严酷惨急的军令。将士们忍无可忍，浙西兵马都统制完颜元宜等军反叛，将完颜亮杀死，金军主力旋即北撤。这场不得人心的南征终以失败结束。

在击退金军后，虞允文出任川陕宣谕使，与吴璘共谋，一度收复了不少陕西失地。但主和派的史浩、汤思退等人

却主张放弃陕西。虞允文力争无果，吴璘也因仓促撤军，遭到金军偷袭，损失惨重。此前收复的失地又重新被金朝占领。

隆兴北伐与和议

金朝发动正隆南征，重重打了宋高宗的脸。1162年五月，高宗宣布将皇位禅让给皇子赵昚。六月，赵昚即位，是为宋孝宗（1162—1189在位）。

> 孝宗是宋朝第十一位皇帝，南宋第二位皇帝，宋太祖七世孙、宋高宗养子。高宗独子早夭，此后无子，遂于1132年将他养在宫中，后被立为皇子、皇太子，接受高宗禅位登基后，宋朝皇位因此回到太祖一系。

孝宗锐意抗金。他为岳飞父子平反，召回主战派张浚、胡铨等人，驱逐秦桧余党，朝野人心为之一振。高宗却对此不以为然，甚至说："等我百岁以后，你再筹划北伐的事吧！"

然而孝宗已决定依靠张浚发动北伐。1163 年正月，孝宗任命张浚为枢密使，都督江淮军马；又任命自己的老师史浩为右相，与左相陈康伯共同主持朝政。张浚主张发动战争，史浩反对草率用兵，双方辩论多日，最终孝宗仍然坚持北伐。

四月，为防止主和派反对，孝宗绕过三省和枢密院，直接命令张浚和诸将出兵。因当年是隆兴元年，故史称"隆兴北伐"。史浩因自己作为宰相，却不得参与商讨出兵大事，愤而辞职。

张浚在接到北伐诏令后，匆忙赶回建康（今江苏省南京市），调兵八万，号称二十万，由大将李显忠和邵宏渊统领，分路进军。宋军先后攻克灵璧（今安徽省宿州市灵璧县）和虹县（今安徽省宿州市泗县），至五月又攻克符离（今安徽省宿州市）。

然而，邵宏渊为人争强好胜，与李显忠不和。金军十万主力围攻符离，李显忠率军苦战，邵宏渊却按兵不动。入夜，邵宏渊部不战自溃。金军乘虚攻城，李显忠虽然率

军杀敌两千，但终是寡不敌众。他长叹道："难道老天爷不想平定中原吗，何苦这样阻挠北伐！"李显忠被迫撤军，宋军全线崩溃，军资器械损失殆尽。

符离之溃宣告隆兴北伐的失败，以张浚为首的主战派在朝中备受打击。孝宗被迫遣使与金朝议和，并重新起用秦桧余党汤思退为相。后来汤思退任左相，张浚任右相。对于议和条件，不仅宋金双方反复争论，汤思退与张浚也各执己见。1164年，张浚罢相，不久病逝。

张浚罢相后，汤思退独相达半年之久。在他的影响下，孝宗放弃了北伐中宋军攻占的土地。孝宗命汤思退都督江淮军马，汤思退却暗通金朝，请其出重兵胁迫议和。十月，金军再度南下，轻易突破两淮防线，兵锋直指长江。汤思退竟然主张干脆放弃两淮，退守长江。

孝宗大怒，舆论汹汹，汤思退遭罢免流放。宋金最终达成了新的和议：南宋皇帝不再对金帝称臣，改称侄，宋金世为侄叔关系；"岁贡"也随之改称"岁币"，数额降至每年银二十万两、绢二十万匹；南宋放弃攻占的土地，宋金双方恢复绍兴和议后的旧疆。这就是"隆兴和议"。

大定之治与乾淳之治

金朝的正隆南征与南宋的隆兴北伐均告失败，说明当时宋金双方势均力敌，都难以在短期内消灭对方。由此，两国理政的重点也逐渐从对外征战转向对内治理。

在北方，金世宗开创了"大定之治"。金海陵王死后，金世宗完颜雍（1161—1189 在位）迅速稳定了政局。他仍以中都为国都，继续实行海陵王制定的各项制度；并延续海陵王的政策，大批任用非宗室的女真人和汉人、契丹人、渤海人参政。金朝建国以来，女真贵族间的长期纷争至此逐渐结束。

金世宗不再主动发起对宋战争，金宋维持了四十年的休战状态。他还积极倡导学习汉族文化，女真贵族多已习用汉语，并适应了农业经济，逐渐成为新的地主。然而，为了维持女真风习和本族文化，世宗大力推行民族压迫。世宗时期，金朝社会安定，经济繁荣，因当时年号为大定，故有"大定之治"的美誉；世宗本人也被称赞为小尧舜。

在南方，宋孝宗也拉开了"乾淳之治"的序幕。隆兴北伐失败后，宋孝宗将虞允文召至临安，本意仍然是积极备战。虞允文累迁至参知政事兼知枢密院事、四川宣抚使。1169 年，又拜为右相兼枢密使，后拜左丞相。虞允文执政期间，大力提拔洪适、胡铨、周必大、王十朋、赵汝愚等人才，积极整饬军政。1172 年，他再任四川宣抚使，整军备战。孝宗曾与他计划，分别从东西两路出兵，收复中原，并约定："如果西方的军队出兵，而朕却回应晚了，那就是朕辜负了卿；如果朕的军队已经出兵，而卿回应晚了，那就是卿辜负了朕。"虞允文入川一年，积极筹划北伐，但他深知北伐并非儿戏，特别是有隆兴北伐的前车之鉴。因此，每当孝宗密诏询问虞允文的进兵日期时，虞允文总是谨慎地回答说军需还没有准备好。

1174 年，积劳成疾的虞允文去世了，孝宗一度怪他不肯积极出兵。后来，孝宗在阅兵时，发现虞允文训练过的士兵无不勇猛，这才知道虞允文是心怀恢复大志却未能如愿。

虞允文的去世，对孝宗的北伐大计是一个沉重打击。此后，孝宗开始将精力转向治理南宋的内政方面，并取得了一系列成就。

在此期间，孝宗废止了"预催"。所谓预催，就是提前征收税赋。这项五代时期的恶政本来已经绝迹一百多年，可在北宋末年却重新出现，至南宋建立后更是愈演愈烈。按规定，田赋的夏税应当在八月半以前缴纳，可当时户部已将缴纳时间提前至五月，后来甚至在四月就将当年的夏税送到了临安。由于南宋财政压力过大，虽然孝宗屡次禁止预催，但户部都未能执行。在了解情况后，孝宗于1177年下令，户部在每年四月上旬先向直隶于皇帝的南库借钱以应付支出，等田赋夏税按规定在八月半征收完毕后再归还。至此，预催夏税问题得到了解决。

孝宗还注意兴修水利，减免部分苛捐杂税，促进农业发展。在商业方面，孝宗对纸币的稳定发行也做出了贡献。1161年，宋高宗在临安设立会子务，发行纸币"会子"。1163年，孝宗要求在会子上加盖"尚书户部官印会子之印"，使会子成为完整意义上的国家货币。会子在孝宗乾道（1165—1173）初年一度滥发失控，此后经多次整顿，到淳熙（1174—1189）初年时，价值已稳中有升，与铜钱等值；同时，对于伪造会子者处以极刑。由于会子币值稳定，且

用会子进行贸易可以免除商税，加之携带方便，人们争相以金银兑换会子，以至于一些地区出现商贸交易全用会子、不用铜钱的现象。这大大促进了商品经济的繁荣发展，我国经济重心也逐渐完成了由北方向南方的转移。

在我国古代，北方经济发展水平曾长期超过南方。自唐朝爆发安史之乱后，北方战乱频仍，社会经济遭到巨大破坏，大量人口南迁，为南方提供劳动力的同时，也加速了南方经济文化的进步。北方政权越来越依仗东南的财富作为支撑，北宋定都开封，即因开封有运河与东南地区直接相连，方便东南的物资源源不断地运过来。靖康之变后，北方经济再度在战乱中遭到破坏；南方则在南宋的治理下，经济迅速恢复发展，完全超过北方。我国经济重心完成了由北方向南方的转移。

随着经济的发展，文化也日渐兴盛起来。在孝宗朝宽松的文化氛围下，南宋涌现出理学家朱熹、陆九渊，事功学派学者陈亮、叶适，诗人陆游、范成大，词人辛弃疾等一大批思想文化领域的翘楚。

　　孝宗在法律方面也有所创新。北宋以来，法典的编撰按照敕、令、格、式分门别类，导致涉及同一内容的法律条文分散在不同篇章里，不仅给司法官员带来诸多不便，而且容易造成吏员上下其手、徇私舞弊。孝宗时以当时通行的法典为基础，编撰"条法事类"。条法事类打破了旧的法律体例，以事件性质为依据，将涉及同一类事件的不同体例的法律条文汇编在一起，从而方便了司法工作。第一部条法事类是 1180 年编成的《淳熙条法事类》。此后，宋宁宗时又编成《庆元条法事类》，宋理宗时编成《淳祐条法事类》。

　　由于隆兴之后，孝宗先后使用乾道、淳熙的年号，这一时期被称为"乾淳之治"，是南宋最为繁荣稳定的时期，宋孝宗也被《宋史》称赞"卓然为南渡诸帝之称首"。

理学、心学与事功学派

宋仁宗末年开始，涌现出宋代学术史上第一批大师级学者，其中既有理学的奠基人"北宋五子"周敦颐、邵雍、张载、程颐、程颢，也有其他学派的创始人，如新学创始人王安石。

到了宋孝宗时，在宽松的政治环境下，宋代学术史上第二批大师级学者带着他们的思想应运而生。朱熹的理学、陆九渊的心学，以及陈亮、叶适的事功学派，几乎形成鼎足之势。

理学以儒家经学为基础，吸收了佛教、道教的思想。经过百年的沉积酝酿，在孝宗时，理学正式形成，其集大成者就是大名鼎鼎的朱熹。

朱熹（1130—1200），字元晦，一字仲晦，号晦庵，又号晦翁，别称紫阳，因为他去世后谥号文，世称"朱文公"，尊称"朱子"。徽州婺源（今江西省上饶市婺源县）人。宋孝宗时，朱熹任知南康军（今江西省庐山市）、提举浙东常平茶盐公事。当时浙东大饥，朱熹单车巡视境内，救荒革弊。宋宁宗初，他受赵汝愚引荐，担任经筵侍讲，又遭韩侂胄排挤而罢。朱熹早年主张抗金，中年以后转以防守为要。

朱熹是一个百科全书式的学者，对经学、史学、文学、乐律乃至自然科学都有贡献。他著有《四书章句集注》《资治通鉴纲目》《八朝名臣言行录》等，后人编纂有《朱子语类》《朱文公文集》。

朱熹是中国古代后期影响最大的思想家。他最大的成就，是集理学之大成，建立起系统的程朱理学学术体系。理学认为，"理"或"天理"无所不在，不生不灭，不仅是世界的本原，更是社会生活的最高准则。朱熹指出，人要通过思考观察，探求事物的真理。他还进一步提出"去人欲，存天理"，要求包括皇帝在内，人人都要实践理学主张的道德，通过自身修养的提高，来一步步实现修身、齐家、治国、平天下的美好愿景。

朱熹的理论上承程颢、程颐，因此被称为程朱理学。因朱熹生于南剑州尤溪（今福建省三明市尤溪县），后徙居建阳考亭（今福建省建阳市潭城街道考亭村），故其学派又被称为"闽学"或"考亭学派"。

狭义的理学即指程朱理学。而广义上，理学还有一个

重要的学派，就是心学，因代表人物陆九渊是江南西路人，故又称江西学派。

陆九渊（1139—1193）字子静，号象山翁，世称象山先生，抚州金溪（今江西省抚州市金溪县）人。宋孝宗时，他主张抗金，曾募访勇士，商议恢复大计。后来，陆九渊因遭到弹劾，还乡讲学。宋光宗时，他知荆门军（今湖北省荆门市），创修军城以固边防，在任颇有政绩。

陆九渊提出，"心"就是"理"，一个人的本心就是真理，因此要想探求真理，就要在自省上下功夫。以此为基础，陆九渊创立了心学，也因此得与朱熹齐名。二人曾通信就理学和心学的问题辩论；他们还在书院中讲学，因此学生众多，影响力越来越大。

北宋时，私人办学发展迅速，士大夫纷纷兴办书院，白鹿洞（位于今江西省庐山市庐山）、岳麓（位于今湖南省长沙市岳麓区岳麓山）、应天（位于今河南省商丘市）、嵩阳（位于今河南省登封市）（一说石鼓，位于今湖南省衡阳市石鼓区石鼓山）书院，并称四大书院。这些书院大多获得政府的资助与奖励，但规模不大，学生有数十至数百人。南宋时，受佛教寺院宣传教义的影响，讲授儒学的书院再度兴起。1179 年，朱熹兴复白鹿洞书院；1194 年，又恢复并扩建岳麓书院，学生达千余人。朱熹以白鹿洞书院作为研讨、传布理学的中心。此后，各地儒学家的书院先后建立，如陆九渊的象山书院、吕祖谦的丽泽书院等。南宋先后兴建书院三百余所，这些书院大多得到官方的支持，与州县官学一起成为主要的地方教育机构。

　　由于理学和心学存在重大分歧，学者吕祖谦于 1175 年六月邀请朱熹和陆九渊来到铅山（今江西省上饶市铅山县东南）东北的鹅湖寺，进行著名的学术辩论，史称"鹅湖之会"。

　　除了理学和心学，两浙东路还形成以吕祖谦为代表的金华学派、以陈亮为代表的永康学派和以叶适为代表的永嘉学派，这些学派统称事功学派。事功学派与理学针锋相

对，反对理学家们空谈"性""理"，提倡功利主义，认为"义"和"利"本出于一元，"王"和"霸"也出于一元，两者都是程度的区别，并无本质的差异。陈亮曾与朱熹就王霸义利的问题，进行了长时间的辩论。

孝宗时代的学术思想，可谓百家争鸣。然而，随着1195年韩侂胄大兴庆元党禁，对赵汝愚、朱熹实行政治打压，朱熹的理学思想也一并被打成伪学。直到1202年党禁松弛后，理学才恢复学术地位。经过权臣史弥远和宋理宗的扶持，到了1241年，程朱理学正式成为南宋的官方意识形态，元、明、清三代莫不以理学为官方统治思想。陆九渊的心学，在明代经王阳明而发扬光大，世称"陆王心学"。事功学派则在宋元之际后继乏人，走向衰落。

辛弃疾与陆游

南宋的诗词创作也有很大发展。最著名的南宋词人当数抗金名臣、爱国词人辛弃疾。辛弃疾（1140—1207），字幼安，号稼轩居士，济南府历城（今山东省济南市）人。他

千古江山英雄無覓孫仲謀句

歌臺舞榭風流總被雨打風吹去

封狼居胥贏得倉皇北顧

舍岑石岳

將將揚州

鴉社鼓凭誰問廉頗老矣尚能飯否

宗秋軒詞

出生于金朝统治下的济南府。1161年完颜亮南征，他参加耿京的抗金义军，时年二十一岁。耿京被叛徒杀害，义军溃散，辛弃疾率五十余人突袭数万人的敌营，擒拿叛徒后率部南归。1165年，辛弃疾上奏《美芹十论》，分析敌我形势，提出强兵复国的具体规划，但未被采纳。辛弃疾曾任江西、湖南、福建、浙东安抚使等职，因坚决主张抗金、收复失地，遭主和派打压。到了1207年，辛弃疾终于被主持北伐的韩侂胄起用为枢密都承旨，却在赴任途中病逝，壮志未酬。

辛弃疾的词沉雄豪放，饱含爱国热情。词中，既有收复失地的豪情，如他歌颂"金戈铁马，气吞万里如虎"的刘裕（《永遇乐·京口北固亭怀古》）；也有对壮志难酬的倾诉，如感慨"却将万字平戎策，换得东家种树书"的悲怨（《鹧鸪天·有客慨然谈功名因追念少年时事戏作》）。辛弃疾的豪放派词作与苏轼齐名，合称"苏辛"。

陆游的词也激昂慷慨，被人评价为"稼轩不能过"。不过，陆游在诗歌方面的成就更大。当时，杨万里、范成大、陆游和尤袤被合称为"中兴四大家"，其中又以陆游成就最高。

陆游（1125—1210）。字务观，号放翁，越州山阴（今浙江省绍兴市）人。他是王安石弟子、执政陆佃的孙子。宋高宗时，他参加礼部考试，名列前茅，但因论及收复失地，遂遭黜落。宋孝宗继位，赐进士出身。陆游主张抗金，因此多次遭到主和派排挤。1210 年陆游与世长辞，留下绝笔《示儿》，仍殷殷叮嘱"王师北定中原日，家祭无忘告乃翁"。陆游是伟大的爱国诗人、文学家，他的诗多沉郁顿挫、感激豪宕之作，今存九千三百多首，其数量之多居中国古代诗人之冠。

除了诗词，陆游的散文文笔精纯，书法遒劲奔放，都取得了不俗的成绩。值得一提的是，陆游在史学方面也颇有成就，他曾受命参与编撰《孝宗实录》和《光宗实录》；他私撰了《南唐书》，是今人研究南唐历史必不可少的史学著作。

史学成就

既然说到了史学，我们不妨在这里综合聊聊宋代的史

学成就。中国古代历来注重史书编撰，以从历史中吸取经验教训，服务当代。在这方面，北宋司马光主编的《资治通鉴》就是典型代表。"二十四史"中的《新唐书》《旧五代史》《新五代史》也都完成于北宋。

南宋时期，袁枢将《通鉴》中的重要事件分门别类，重新编辑，写成《通鉴纪事本末》，开创纪事本末的史书体裁。李焘则用四十年的时间，编撰《续资治通鉴长编》，这是中国古代规模最庞大的私修编年史，也是今天研究北宋历史最重要的史料文献。

在记载典章制度的史籍中，最负盛名的便是"三通"，即唐代杜佑编撰的《通典》、宋代郑樵编撰的《通志二十略》以及宋元之际马端临编撰的《文献通考》。宋代的方志著述也达到了前所未有的水平。而随着现存最早研究石刻文字的专书——欧阳修《集古录》的编撰，中国考古学的前身——金石学成为宋代的新兴学科。宋代的金石学著作为研究五代以前，尤其是研究商周秦汉史，提供了宝贵的参考资料。

发达的科技

宋代不仅是中国文化的黄金时期，在科学技术方面也取得了巨大成就。

指南针不仅演进为正式的导航仪器——罗盘，更被广泛用于航海，为海上丝绸之路的繁荣做出了巨大贡献。

火药被广泛应用于军事。宋仁宗时编撰的《武经总要》，记载了三种火药配方。宋神宗时，边防军配备了大量火药箭。1259 年，寿春（今安徽省淮南市寿县）军民发明了名为"突火枪"的管形火器，通过点燃竹筒内的火药而将"子窠"（子弹）发射出去，是世界武器制造史上划时代的进步。

除了活字印刷、指南针、火药这三大发明在宋代获得了深入广泛的开发和应用，宋代在天文、数学、医药等方面也取得了举世瞩目的成就。

天文方面：1006 年关于"客星"的记载，这可能是有史以来人们记录到的视亮度最高的超新星；元祐年间（1086—1094），苏颂、韩公廉等发明了世界上第一台天文钟——水运仪象台；1199 年实行的由杨忠辅创制的《统天

历》，确定回归年的数值为 365.2425 日，和我们现在使用的公历的一年长度完全一样，但比公历的颁行早 383 年。

数学方面：北宋中期贾宪发明"开方作法本源"图（贾宪三角形）和"增乘开方法"，比西方同类方法早了六七百年；秦九韶于 1247 年著成《数书九章》一书，提出的"正负开方术"和"大衍求一术"在数学史上举世闻名。

医药学方面：官方编修的药典比唐代有更大发展，针灸学也取得了重大进步；产科、妇科、眼科、儿科开始分门别类进行研究和治疗；南宋时，宋慈所著《洗冤集录》是世界上最早的法医学专著。

❋ 思 考 ❋

（一）为什么在战后，金朝和宋朝先后出现了大定之治和乾淳之治？

（二）为什么在宋仁宗末期以后和宋孝宗时期，宋代学术思想领域相继出现了大师级的学者？

第一节

海上丝路

扬帆远航

自张骞出使西域以来，通往西域的丝绸之路一直是中国对外贸易中最重要的商路。然而，随着西夏的崛起，这条北方的商路受到了阻隔。南宋以后，我国经济重心南移，外贸经济的重心也转移到南方。在这样的背景下，依托东南沿海港口的海上丝绸之路兴起，宋代海上贸易空前繁荣。

宋代航海技术的领先和造船业的发达，为海上贸易提供了技术条件。航海技术领先的最重要标志，是指南针的应用。据北宋人沈括《梦溪笔谈》记载，当时人们利用天

然磁石的磁场作用，以磁石磨针锋，使其具备磁性，成为指南针；然后将指南针放入盛水的容器里，或用线悬挂在空中，以指示方向。南宋以后，这两种指南针的使用方法演变为水罗盘和旱罗盘。

早在宋徽宗崇宁（1102—1106）年间，指南针就已经普遍应用于航海。有了指南针，人们在任何气候条件下都可以辨别方向，从而让全天候航海成为可能。随着远洋航海技术日趋成熟，人们开始绘制精确的航海图。1123年，徐兢撰写《宣和奉使高丽图经》，其后原附海道图，是目前我国文献中关于航海图的最早记载，可惜原图已佚。

除了指南针和航海图，宋代的造船业在当时也居于世界领先地位。宋代的远洋海船船长达一百米，载货达六百吨，可承载五六百人。船上装有指南针，还设有横板区隔的密封舱；使用了称为"转轴"的桅杆，以应对海上的逆风恶浪。在两浙的明州（今浙江省宁波市）、温州、台州，福建的福州、漳州、泉州，广南的广州、雷州，均设有大型海船建造基地，尤以泉州建造的海船质量最好。

1987年，在我国广东省阳江市海域，发现了一艘南宋前期的沉船。这艘沉船被命名为"南海Ⅰ号"，并于2007年打捞出水。南海Ⅰ号是一艘木制海船，船体长30.4米，最宽处9.8米，船身（不算桅杆）高约4米，排水量估计可达600吨，载重可能近800吨，是迄今为止世界上发现的海上沉船中年代最早、船体最大、保存最完整的远洋贸易商船。船上满载陶瓷器、金属器、漆木器、玻璃器等商品，数量和质量均令人叹为观止。

海上丝绸之路

有了先进的航海技术和发达的造船业，再加上宽松开放的环境，宋代海上贸易蓬勃发展起来。

宋朝在外贸港口设立市舶司或市舶务作为外贸管理部门。舶商、船主和船员在获得市舶机构颁发的许可证后，就可以合法出海从事海外贸易。

市舶司是中国古代管理对外贸易事务的机构。唐朝时对外贸易频繁，因而在广州等外贸城市设立市舶司，负责检查进出船只的蓄货、征榷、贸易等事务。其主事或为专

任，或由当地节度使兼任。五代时，市舶司被废止。971年，宋灭南汉，在广州重新设立市舶司，管理海上贸易。此后，宋朝陆续在杭州、明州等地设司。

　　民间舶商是从事海外贸易的主体，其中大商人能够独立置办大型海船；中小商人无力造船，就出钱购买海船上的空间（一般一人可得数尺见方的面积），将货物屯贮在船舱里，自己则睡在货物上，跟随海船扬帆远航。

　　满载货物的海船进入宋朝的港口后，无论中外商人，都要按当地规定，向市舶司缴纳百分之十或百分之二十的税，或者以低价将大部分海外舶来品售卖给官府，官府再在境内销售，赚取丰厚的垄断利润。

　　早在北宋时，广州、明州、杭州、泉州、密州板桥镇（今山东省胶州市）、秀州华亭县（今上海市松江区）、温州等地就已是著名的外贸港口。广州、泉州、明州最为著名，是宋代三大外贸港。广州曾是华南地区的经济中心。南宋以后，泉州因港口条件好、接近政治中心，贸易额超过广州，一跃成为中国第一大港、海上丝绸之路的起点。

　　与宋代直接或间接贸易往来的国家或地区，从唐代的三十余个增至六十余个，包括位于东亚的高丽（今朝鲜半岛）和日本，中南半岛的交阯（今越南北部）、占城（今越南南部）、真腊（今柬埔寨）和暹罗（今泰国），马来群岛的摩逸（今菲律宾）、三佛齐（今苏门答腊）、渤泥（今加里曼丹），南亚的锡兰（今斯里兰卡），以及位于波斯湾、阿拉伯半岛、地中海和东非海岸的麻嘉（今沙特阿拉伯麦加）、层拔（今坦桑尼亚的桑给巴尔）等国。

在海外贸易中，进口商品从北宋前期的五十种，猛增至南宋时的三百余种，包括香料、犀角、象牙、珊瑚、珍珠、药材、矿产、染料和木材；出口商品主要为丝麻织品、陶瓷器、铜器、金银饰品、漆器、茶叶等。其中，香料、绢帛和陶瓷是所有商品中的大宗，因此学者们又把当时的海上商路称为"香料之路"或"陶瓷之路"。

海外贸易使宋朝获得了巨额收入。宋初，市舶司每年收入只有三十万贯；宋仁宗时增至五十三万余贯；宋高宗末年，市舶收入已高达二百万贯，成为朝廷的一项重要财政收入。宋朝已是当时世界上重要的海上贸易国。

蕃客

由于海外贸易繁荣，大量外国商人来到中国从事贸易，

有些甚至携妻带子前来居住。当时，人们习惯把这些外商称作"蕃客"。最初，在蕃客聚居的港口城市设有蕃坊或蕃巷，作为蕃客的聚居区。蕃坊内部的管理机构为蕃长司，长官为蕃长，由官府挑选有声望的蕃客担任。蕃客犯罪，徒刑以上的，由宋朝的地方官审判；杖刑的在地方官府审查核实后，交由蕃长按照海外国家的法律惯例惩处。蕃坊中还设有规模巨大的海外舶来品交易市场，当时称为"蕃市"，一些蕃坊甚至还办起了"蕃学"。

宋仁宗时，随着商品经济的发展，城市内的坊市制度开始被打破。同样，伴随着海外贸易的繁荣，越来越多的蕃客来到宋朝经商，他们甚至购买田宅，与当地人杂居，蕃坊限制自然被突破。南宋时，泉州城内的蕃客已经普遍杂处民间。

不少蕃客已经在港口城市安家落户，去世后就安葬在中国。在广州、杭州等地，都有专门安葬蕃客的墓地；泉州甚至有不少蕃客墓保留至今。他们的子孙也留在了中国。

有些蕃客富甲一方，权势甚大。如南宋时泉州的回回商人佛莲（巴林），死后仅遗留的珍珠就达一百三十石。他的岳父蒲寿庚更是泉州首屈一指的人物，直接影响了南宋最后的命运。

> ❋ **思 考** ❋
>
> （一）为什么宋代的海外贸易异常繁荣？海上丝绸之路与草原丝绸之路有什么联系，又有什么区别？

第三节

南北行暮

两朝内禅

1187 年，当了二十五年太上皇的宋高宗去世。宋孝宗也对朝政渐生倦意，开始让太子赵惇参决政务。1189年正月，金世宗去世，皇太孙完颜璟即位，是为金章宗（1189—1208 在位）。年过花甲的宋孝宗为了避免按照隆兴和议，对年仅二十来岁的金章宗称叔叔，遂于二月举行内禅。太子赵惇继位，是为宋光宗（1189—1194 在位）。

光宗是孝宗的第三子，其理政无甚可取，一味嗜好优伶歌舞。光宗还患有精神疾病，与孝宗关系亦不融洽，1194 年孝宗去世，光宗甚至拒绝主丧，颇似宋英宗继位后的情景。

　　然而这一次，士大夫不再容忍病态皇帝。这年七月，同为宗室的知枢密院事赵汝愚、工部尚书赵彦逾，与外戚、知阁门事韩侂胄在获得太皇太后吴氏（高宗皇后）支持后发动政变，宣布光宗禅让退位，光宗次子、嘉王赵扩继承皇位，是为宋宁宗（1194—1224 在位）。宁宗生活简朴，但才智低下，朝政皆委托权臣，造成韩侂胄、史弥远专秉朝政，国是日非。

🌫 庆元党禁

　　宋宁宗继位之初，赵汝愚升至右丞相，而且是独相，成为政治领袖；朱熹由他援引入朝，任经筵侍讲，成为精神领袖。

　　赵汝愚（1140—1196），字子直，宋太宗八世孙，居饶州余干（今江西省上饶市余干县西北）。他曾中进士，是宗室中的佼佼者，又是一名学者型官员。赵汝愚为学注重经世致用，极力推崇程朱理学，认为其是安邦定国、礼仪教化的大计。1194年末，宁宗宣布次年改元"庆元"。"庆"指庆历，"元"指元祐，赵汝愚自信能够开创范仲淹、司马光那样的事业。

然而，庆历新政与元祐更化尚未到来，庆历、元祐时代的党争反而先至。赵汝愚拜相后，同有定策之功的赵彦逾、韩侂胄却被压制。

韩侂胄（1152—1207）字节夫，是韩琦曾孙，相州安阳（今河南省安阳市）人。他的母亲出身于宋高宗皇后吴氏一族，这层关系是赵汝愚能够政变成功的重要保证。鉴于此，叶适和朱熹都劝赵汝愚对韩侂胄加以厚赏，可清高的赵汝愚不但不听，反而故意冷淡韩侂胄。韩侂胄终于被激怒。

朱熹是理学大家，但智力低下的宁宗对朱熹的理论毫无兴趣。1194年闰十月，在韩侂胄的鼓动下，宁宗免去朱熹的侍讲之职。随即，韩侂胄将矛头指向赵汝愚。1195年二月，赵汝愚被扣上宗室专权的帽子，被罢相贬官，1196年死于贬谪途中。噩耗传来，群情激愤，人们不惧韩侂胄的淫威，私下凭吊。大内宫墙和临安城门下，几乎每天都有匿名悼念赵汝愚的诗文。

　　就在这一年，朝廷宣布程朱理学为伪学，禁毁理学书籍，科举考试稍涉义理之学者一律不取。朱熹也很快成为继赵汝愚之后韩侂胄的重点打击对象。为了扳倒朱熹，韩侂胄的党羽不惜编造出朱熹引诱尼姑为宠妾的谣言，其手段卑劣如此。与赵汝愚、朱熹关系密切的叶适、彭龟年、周必大、徐谊等也遭到贬黜。这场大规模的政治整肃运动，史称"庆元党禁"。

　　1197 年十二月，朝廷又按照北宋元祐党籍之例，制定了伪学党籍。在此期间，还有官员诬陷赵汝愚，试图将"伪党"打成万劫不复的"逆党"。山雨欲来风满楼，人们似乎嗅到了北宋末年党争的血腥气息。但无论是韩侂胄还是被打击的理学人士，都吸取了元祐党争的教训，伪党始终没有升级为逆党。

　　庆元党禁不得人心，韩侂胄自己也心知肚明。不断有人劝韩侂胄不要做得太过火，甚至提醒他，若不开党禁，日后难免遭到报复。1202 年，在韩侂胄的建议下，宁宗松弛党禁。赵汝愚、朱熹相继得到平反，其他诸人也陆续复官。

　　庆元党禁的时间虽然不长，但后果极为恶劣。在党禁中，理学主张的道德规范、价值观念遭到韩党的恶意扭曲

丑化，自此以后，南宋政风败坏，士风日下。而在党禁过程中，韩侂胄在宁宗的支持下，权势如日中天，南宋进入了权臣时代。

开禧北伐

庆元党禁以来，韩侂胄在宋宁宗的支持下，成为一代权臣。他的实职虽然只是枢密都承旨，却建节、封王、拜太师，人称"师王"，地位越来越高。1205 年，韩侂胄拜平章军国事，位在宰相之上，连三省的大印都放在他的家里。

为了进一步巩固个人权势，韩侂胄决定对金朝发动北伐。在韩侂胄的主持下，宋廷于 1204 年为韩世忠立庙，追封岳飞为鄂王；1206 年夺秦桧王爵，改谥谬丑。韩侂胄自己更是输送家财二十万以助军用。北伐赢得了社会的广泛支持，朝野士气为之一振。韩侂胄也乘机大力搜罗抗金人才，其中既有著名的爱国诗人陆游、词人辛弃疾，也有当年名列伪党的叶适等人。

　　然而，当时的金朝正处在"宇内小康"的金章宗统治时期，韩侂胄也没有对战争做充足的准备，战争的结局从一开始便已经注定。

　　1205 年，韩侂胄在出任平章军国事的同时，自兼国用使，获得了对全国财赋的支配权力。1206 年四月，韩侂胄贸然对金开战，分东、中、西三路北伐金朝。因这一年是开禧二年，史称"开禧北伐"。

　　宋军不宣而战，起初高唱凯歌。东路军前锋毕再遇长驱直入，攻克泗州（今江苏省宿迁市泗洪县临淮镇东）。但好景不长，其他进击的宋军分别败于唐州（今河南省南阳市唐河县）、蔡州（今河南省驻马店市汝南县）、宿州（今安徽省宿州市）、寿州（今安徽省淮南市凤台县）。

　　金军很快发起战略反攻，攻陷了淮河以南大片土地，兵锋已达真州（今江苏省仪征市）。四川宣抚副使、吴璘之孙吴曦临阵叛变，向金朝称臣割地，并受金朝册封为蜀王，好在不久叛乱即被平定。至 1207 年，金军的反攻也已经力不从心，双方进入相持阶段。

　　然而，北伐的接连失利，特别是吴曦的叛乱，严重损害了韩侂胄的威望，使他陷入四面楚歌的困境。金朝乘机

拒绝韩侂胄的谈判请求，暗中向宋廷传递杀掉韩侂胄即可议和的意向。于是，礼部侍郎史弥远勾结宁宗皇后杨氏，伪造宁宗密旨，杀害韩侂胄，将其首级送与金朝。

史弥远专政

韩侂胄被杀后，宋宁宗宣布次年改年号为嘉定，声称要革除韩侂胄的弊政，史称"嘉定更化"。

"更化"的第一项措施，就是在史弥远的运作下，南宋完全遵照金朝的要求，于1208年同金朝重新订立和议。双方约定：改隆兴和议中规定的金宋叔侄之国为伯侄之国；岁币增至银三十万两、绢三十万匹；宋朝还要向金朝支付犒军银三百万两。史称"嘉定和议"。

和议订立后，史弥远害怕得罪金人，便以减轻军费负担为借口，大规模裁军。那些被裁撤的军人无家可归，为了生计不得不揭竿而起。昔日抗金的力量，变成了反宋的力量。

屈辱的嘉定和议及其后的一系列措施，引起了很多正直人士的不满。太学博士真德秀就指出："和议签订后，人们的志气越加消磨，安逸享乐之风会更加盛行。"军官罗日愿甚至组织刺杀史弥远，为韩侂胄报仇，后事情败露，罗日愿等惨遭杀害。

史弥远在杨皇后的支持下，升任右丞相兼枢密使，不久便以独相身份独揽朝政。他一方面以清洗韩党之名，肆意打压主张抗金的文臣武将；另一方面又标榜理学，进一步为赵汝愚、朱熹等人平反，以争取士大夫的拥护。表面上，朝中群贤点缀，真德秀、魏了翁等理学名士均被援引入朝；可实际上，史弥远呼朋引类，操控台谏。时人称嘉定更化"有更化之名，无更化之实"。

宁宗由于亲子早夭，便收养宋太祖后裔为皇子，赐名赵竑。赵竑心无城府，有一次竟当着宫女的面，指着地图上的海南岛说："他日我得志了，就把史弥远流放到这里去！"史弥远听闻此事，便起了夺储政变之心。

宁宗一直未立赵竑为太子，为史弥远提供了机会。1224年八月，宁宗病重，史弥远矫诏，伪称宁宗立沂王赵贵诚为皇子，并改名赵昀。闰九月，宁宗病逝，史弥远立赵昀为帝，是为宋理宗（1224—1264在位）；赵竑改封济王，出居湖州（今浙江省湖州市）。史弥远仍然专断朝政，理宗形同傀儡。

1225 年，湖州渔民和地方军近百人拥立赵竑为帝，赵竑亲自平定变乱，并向朝廷汇报，但仍被史弥远的爪牙迫害致死。史称"霅川之变"。史弥远的做法引起真德秀、魏了翁等人的不满，纷纷提出辞职。史弥远拉拢不成，便惩处二人。讽刺的是，在惩处当时理学宗师之际，史弥远正高举着理学大旗。

1233 年，史弥远去世，长达二十六年的专政局面终于结束。魏了翁后来评价说，史弥远专政期间，风俗大坏，法制废弛，吏治腐败，正常的朝典法制几乎被摧毁殆尽。南宋走向衰败。

金朝盛极而衰

南宋在史弥远的专政下日渐衰败，同一时期，北方的金朝也开始走下坡路。

金世宗去世后，即位的章宗擅长汉字书法，喜好收藏绘画图书，诗词创作亦多，是金朝历代皇帝中汉文化素养最高的一位。继位后，章宗进一步推行汉化改革。他尊崇孔子，完善科举，健全礼制，修备法典；废除奴隶制度，限制女真人特权，鼓励女真人与汉族通婚，加速了女真人的汉化与民族融合。在他在位的明昌（1190—1196）、承安（1196—1200）、泰和（1201—1208）年间，金朝国力达到鼎盛，有"宇内小康"和"明昌之治"的美誉。

不过，随着国力的强盛和汉化的加深，女真人的尚武之风渐失，享乐之风盛行，金朝军队的战斗力渐弱。章宗本人也奢用渐广，财政开支加剧。当时，北方的蒙古诸部叛服不定，不时侵扰金朝边境，南宋韩侂胄也发动了开禧北伐。尽管金朝在军事上始终占据上风，但维持南北两线作战的军费加剧了财政危机。为应对危机，金廷开始滥发纸币，通货膨胀日益严重。至章宗晚年，金朝已经盛极而衰。

1208 年，章宗去世，世宗第九子完颜永济继位，是为金卫绍王（1208—1213 在位）。此时的金朝，已是山雨欲来风满楼。早在 1206 年，孛儿只斤·铁木真便统一了蒙古诸部，建立大蒙古国，并自立为成吉思皇帝，世称"成吉思汗"（即元太祖，1206—1227在位）。蒙古曾侵袭西夏，作为西夏盟友的金朝却拒不发兵。1211年起，蒙古伐金，数次大破金军，甚至兵临中都。1213年，驻守中都城北的右副元帅纥石烈执中（胡沙虎）杀死卫绍王，改立世宗之孙完颜珣为帝，是为金宣宗（1213—1224在位）。

1214年，宣宗向蒙古献纳人口财物，与蒙古议和。为防止蒙军再来，朝廷不保，宣宗遂迁都南京开封府。次年，蒙古攻占中都。与此同时，山东、河北各地农民起义不断，豪强亦割据一方。金朝的统治走向土崩瓦解。

就在金宣宗南迁那年，南宋采纳真德秀的提议，停止向金朝输纳岁币。面对蒙古的威胁和南宋的交恶，金宣宗听取尚书右丞相术虎高琪的主张，于1217年再度发动征宋战争，企图从南宋攻掠土地，以弥补在北方的失地。从此，宋金战争又绵延了十多年。

在西部的四川战场，金军一度取胜，随即遭遇宋军奋战，精锐覆灭。1220年，南宋反攻，与西夏联合夹攻金朝，两军会师于金朝境内的巩州（今甘肃省定西市陇西县）。后因久攻不下，夏军退兵；南宋四川宣抚使安丙部署各军分路北伐，也无功而返。

在中部的京湖战场，南宋制置使赵方等率宋军力拒金军，旋即反攻唐州、邓州（今河南省邓州市），亦不能下。

在东部的山东和两淮战场，金朝的山东地区爆发了杨安儿、杨妙真、李全等领导的起义。义军以红袄作标志，称"红袄军"。他们占据了山东绝大部分地区，积极配合宋军，击破了金军对两淮的进犯。

> 红袄军少则数万人，多则数十万人，以益都（今山东省青州市）的杨安儿、潍州（今山东省潍坊市）的李全等部势力较大。后杨安儿败死，其妹杨妙真统率余部，并与李全结为夫妇。1218年，李全等部归宋。到宋宁宗末年，红袄军发生分化，李全野心膨胀，企图吞并其他义军，并渡江夺取临安，结果兵败而投降蒙古；另一首领彭义斌则坚持抗金、抗蒙，后在赞皇（今河北省石家庄市赞皇县）五马山与蒙古军激战，壮烈牺牲。

在南宋军民的英勇抗击下，金宣宗的南征以失败告终。蒙古则在数年之内，攻取了金朝在辽东、辽西、山东、河北、河东、陕西的大片土地。1223年十二月，在内忧外患中，宣宗病逝。

❁ 思 考 ❁

（一）你认为在蒙古崛起以后，金朝、南宋应当奉行怎样的外交政策？

第六章

丹心照汗青

厓山海战是元朝消灭南宋的最后一战，流亡近三年的南宋小朝廷最终灭亡。然而，宋末爱国志士的气节与精神，却并未随着赵氏江山的倾覆而消散。还有最后一人，将与他的千古诗篇一起，成为那个时代的绝响。

第一节

端平更化

端平初政

1233 年，史弥远去世，做了十年傀儡的宋理宗终于熬出头。他宣布改次年为端平元年，开始亲政。理宗自幼生活在民间，目睹了百姓疾苦，因此在亲政之初，颇想革去弊政，有一番作为；同时，他也希望弥合史弥远执政以来朝臣之间的裂痕。在端平（1234—1236）、嘉熙（1237—1240）和淳祐（1241—1252）年间，理宗在政治、经济上实施了一系列改革，在意识形态上推崇理学，在军事上实施联蒙灭金。由于出台措施最多、改革力度最大的要数端平时期，故史称这场改革为"端平更化"。

先来看政治方面的革新。

首先是调和群臣。理宗罢黜了史弥远一些劣迹累累的爪牙，将遭史弥远排斥打击的正直之臣和理学名臣召回朝廷。理学宗师真德秀、魏了翁再度入朝，后来分别任参知政事和同签书枢密院事。对史弥远的亲信，理宗也没有一棒子打死，如郑清之担任右丞相兼枢密使，薛极任枢密使，乔行简、陈贵谊并为参知政事。不同派别的士大夫重新走到了一起。

其次是谨慎择相。端平更化期间，理宗起用了一批历练持重的老臣做宰相。如郑清之、乔行简、李宗勉、范钟、杜范、游似、吴潜等，甚至还包括史弥远的侄子史嵩之。这些宰相大多宽仁老成，为一时之选。

再次是开放言路。史弥远专权时，台谏成为他的鹰犬。理宗甫一亲政，便将擢拔台谏的权力收回，并扶持言官，广开言路。给事中李宗勉曾对理宗提出尖锐的批评，理宗不但不怒，反而让他担任谏议大夫兼侍读。成为谏官的李宗勉又直言道："如果陛下虚心听取了别人的意见却不以为戒，使得这些意见无法用于实际，拯救时局，那跟拒谏有什么区别！"对于直言敢谏的李宗勉，理宗颇为赏识，此后将其一路提拔，直至成为左丞相兼枢密使，宽容之心可见一斑。

最后是整顿吏治。自宋光宗以后，南宋吏治大坏，贪贿成风，理宗采取了雷厉风行的惩贪措施。冗官也仍是一大问题，时人洪迈甚至认为冗官使南宋病入膏肓，就算是让扁鹊这样的神医来救也救不好。对此，理宗采纳宰相杜范的建议，将宰相任命中级官员的权力归还吏部，同时限制皇帝的内降任命；又控制科举取士人数，严格官员升迁制度，以此来抑制冗官膨胀的顽疾。

还有一件事值得一提。1226 年，宋理宗建昭勋崇德阁，命人绘制配享太庙的二十三名功臣的图像，陈列于昭勋崇德阁。1235 年，赵汝愚配享宁宗庙后，也被绘制图像陈列于此。这二十四人被称为昭勋崇德阁二十四功臣。据今存的宋人记录，其中包括赵普、韩琦、韩忠彦、葛邲、赵汝愚。明人张岱在《夜航船》中记录了一份完整名单：赵普、曹彬、薛居正、石熙载、潘美、李沆、王旦、李继隆、王曾、吕夷简、曹玮、韩琦、曾公亮、富弼、司马光、韩忠彦、吕颐浩、赵鼎、韩世忠、张俊、陈康伯、史浩、葛邲、赵汝愚。王安石、蔡确虽曾配享太庙，但被宋高宗撤罢；范仲淹、岳飞亦未入太庙，因此这四人未能名列二十四功臣。

　　宋代的昭勋崇德阁二十四功臣，与西汉的麒麟阁十一功臣、东汉的云台二十八将、唐代的凌烟阁二十四功臣、清代的紫光阁二百八十功臣并称。

整顿财政

宋理宗亲政之初，南宋财政已严重恶化，主要表现为纸币滥发，物价飞涨；开支太大，入不敷出。

南宋自建立之初，就发行纸币会子，最初由民间发行，称"便钱会子"。又因广泛用于东南地区，又称"东

南会子"或"行在会子"。1160年，会子改由户部发行，成为官方纸币。会子以铜钱作为币值本位，面额最初以一贯为一会，后增印二百文、三百文、五百文三种面额。

朝廷每发行一批会子，就称为一界，一般以若干年为一界。一界会子到期后，朝廷会将其收回，并发行新一界的会子。1169年，宋孝宗规定，会子每三年为一界，每界发行一千万贯，以旧换新。

孝宗后期的会子币值稳定，信用良好。但开禧北伐以后，巨额军费与赔款导致南宋出现财政危机。为缓解危机，宋廷增加了会子的发行量，并允许两界甚至三界的会子同时流通。到理宗亲政时，会子币值已严重跌落，物价飞涨，民生凋敝。

为了稳定会子的币值，理宗暂停新会子的发行，并通过从国库中拨出巨额金、银、有价证券，要求以会子支付赋税等方式，回收流通中多余的会子。同时，朝廷严厉打击伪造假币的行为。这些措施取得了一定成效。后来担任宰相的吴潜曾于1239年提到："铜钱在社会上流通，会子的币值也上升了，现在的城镇大体上已经不再那么萧条急迫了。"

　　财政支出太大也是导致财政危机的主要原因之一。理宗亲政之初，南宋一年的财政收入仅占支出的一半。为了缓解财政压力，理宗实行节用方针。他要求朝廷编制《端平会计录》，地方也立簿记录出纳，并命大臣审定节用项目。宰执自愿俸禄减半，理宗也减少日常用度，取得一定成效。

推崇理学

　　宋理宗的庙号之所以为"理"，与他积极扶持理学有密切关系。

　　1241年正月，理宗下诏以周敦颐、张载、程颢、程颐、朱熹五人从祀孔庙。到了1261年，又将司马光、邵雍、张栻、吕祖谦补祀入孔庙。至此，程朱理学正式成为官学。

　　1234年，理宗召理学宗师真德秀为翰林学士，魏了翁任直学士院。真德秀（1178—1235）字景元，后改字希元，

号西山，世称西山先生，建州浦城（今福建省南平市浦城县）人，曾历任江东转运副使，知泉州、潭州、福州，颇有政声。魏了翁（1178—1237）字华父，号鹤山，邛州蒲江（今四川省成都市蒲江县）人，与真德秀齐名。两人学宗朱熹，为理学正宗传人，为程朱理学正统地位的确立发挥了巨大作用，是南宋重要的思想家。

当时，南宋物价腾贵，民力凋敝，人们对真德秀和魏了翁寄予了厚望，民间甚至传言："若欲百物贱，直待真直院。"然而，以二人为代表的理学君子们，却对南宋的危局束手无策。他们除了大谈"正心诚意"的政治伦理外，也只是重复着理学家们"祈天永命"的经典命题，强调皇帝应当具备德行，遵从祖宗之法。仅此而已。

有宋一代，宋理宗与宋仁宗有颇多相似之处。两人在位均达四十年以上，分别是南宋和北宋在位时间最长的皇帝；两人又都待人宽厚，政风宽和。然而，仁宗时的士大夫政治蓬勃发展，士大夫朝气蓬勃，不仅勇于担纲任事，而且敢为天下先，因此仁宗弊政虽也不少，社会上却呈现出一片"盛治"景象。而理宗时的士大夫已经暮气沉沉，他们难以突破传统桎梏，无力扭转时局，剩下的也只是

"鞠躬尽瘁，死而后已"。

端平更化虽然给时局打了一针强心剂，却已无法拯救已病入膏肓的南宋王朝。

联蒙灭金

正当宋、金两朝内忧不断尝试摆脱危机时，成吉思汗的大蒙古国已经发起了席卷亚欧大陆的军事征服。1210年，蒙古收服位于今新疆一带的畏兀儿；1215年，攻陷金中都；1218年，灭西辽；1221年，灭中亚大国花剌子模；1223年，蒙古远征军在黑海北岸的迦勒迦河（今乌克兰境内的卡利奇克河）大破斡罗思（今俄罗斯）联军。

与蒙古接壤的西夏与金朝，已经嗅到了亡国的气味。1224年，金宣宗的三子完颜守绪即位，是为金哀宗（1224—1234在位）。哀宗采取了正确的外交政策，一方面停止征宋，另一方面与西夏献宗（李德旺，1223—1226在位）约为兄弟之国，共同抗蒙。可惜一切来得太晚，1227年七月，蒙古兵围西夏都城中兴府（今宁夏回族自治区银川

市），夏末帝李睍（1227在位）出降，西夏灭亡。

成吉思汗逝于西夏灭亡前夕，其四子拖雷（元睿宗，1227—1229监国）监国。1229年，成吉思汗三子窝阔台（元太宗，1229—1241在位）正式继承蒙古大汗位，开始全力攻金。1233年，金哀宗被迫放弃南京开封，逃奔蔡州（今河南省驻马店市汝南县）。

与此同时，蒙古先后于1227年和1231年两次攻掠南宋的川陕之地。不过，自1231年起，蒙古频繁遣使到南宋，希望双方联合灭金。起初，南宋君臣对此莫衷一是。1232年，京湖安抚制置使、兼知襄阳府史嵩之见金朝大势已去，遂同意与蒙古结盟。

1233年九月，蒙古进围蔡州；十月，江陵府副都统制孟珙率两万宋军会攻蔡州。1234年正月十日，身体肥胖的金哀宗为了避免做亡国之君，在蔡州城破之际，将帝位禅让给蔡州城的东面元帅完颜承麟，希望他杀出蔡州，中兴社稷。完颜承麟即位，百官朝贺刚刚结束，宋军就攻入蔡州南门，随即打开西门放蒙军入城。金军与宋蒙联军展开激烈的巷战，最终寡不敌众。完颜承麟为乱兵所杀，金哀宗自尽，金朝灭亡。

完颜承麟在位时间不超过半天，是我国历史上在位时间最短的皇帝。

端平入洛

金朝灭亡后，宋军统帅孟珙获得金哀宗的遗骨，俘虏金朝参知政事张天纲。南宋举朝若狂，认为一雪前耻，举行了盛大的庆祝活动。宋理宗还派出使臣到河南祭扫祖宗的陵园。

然而，蔡州之役，南宋更多是狐假虎威。灭金之后如何处置河南之地，宋、蒙并没有在战前明确下来。而且金朝灭亡后，宋、蒙直接形成对峙局面。如何处理与蒙古的关系，成为南宋的当务之急。

当时蒙军主力北撤，金朝降将向赵葵、赵范提出"据关守河"之策，建议宋军乘河南空虚，迅速占领，收复包括东京开封府、西京河南府和南京应天府在内的河南、陕西之地。这一建议获得宰相郑清之的支持。

　　主持联蒙灭金的史嵩之却反对与蒙古开战，他认为南宋国力尚不足以据关守河，后勤补给困难，且给了蒙古对宋开战的借口。参知政事乔行简、枢密副都承旨吴渊、淮西总领吴潜、翰林学士真德秀同意史嵩之的看法。

　　当时理宗刚刚亲政，希望有所作为，于是决定收复三京。1234年六月，南宋发兵，先后收复南京应天府、东京开封府，但一路收复的都是空城，补给出现严重困难。七月，赵葵率宋军主力到达开封，并派军收复西京河南府。蒙军随即反攻，洛阳城中宋军断粮，不得不于八月退兵。蒙军又决黄河水倒灌开封，宋军损失惨重，被迫弃城。

　　端平入洛是南宋最后一次大规模北伐，不但未能收复河南之地，反而损失军民十余万、粮食百万、军械辎重无数。自此以后，南宋彻底放弃了对蒙古主动出击的战略，转入防守。蒙古则以南宋毁约为名，发动南征。持续四十余年的宋蒙（元）战争正式爆发。

✿ 思 考 ✿

（一）联金灭辽与联蒙灭金有什么异同？

（二）如何评价端平入洛？你认为灭金以后，宋朝应如何处理与大蒙古国的关系？

第二节

大厦将倾

窝阔台伐宋

1235年六月，蒙古大汗窝阔台在西征欧洲、东征高丽之际，又兵分三路，对宋发动全面战争。

西路军由窝阔台次子阔端率领，进攻四川。因遭到宋军顽强抵抗，蒙军主力被迫撤出。1236年秋，阔端卷土重来，进据兴元府（今陕西省汉中市）。四川制置使赵彦呐未采纳利州都统制曹友闻据险制敌之策，强令曹友闻出战。曹友闻率部抗击数倍于己的蒙军，终因寡不敌众，全军覆没，曹友闻与其弟曹万壮烈牺牲。此后，蒙军长驱入蜀，烧杀劫掠，川西重镇成都被洗劫一空。这年冬天，蒙军主力北撤。1239 年，蒙军再度入蜀，沿江东下，进至巴东（湖北省恩施土家族苗族自治州巴东县）被宋将孟珙所遣军队击退。四川地区在惨遭蒙军多次野蛮蹂躏后，白骨成丘，满目疮痍。

中路军由窝阔台三子阔出（一译曲出）率领，进攻湖北，攻陷包括襄阳府（今湖北省襄阳市）在内的大批州县。蒙军兵锋直抵江陵府，饮马长江，旋被宋将孟珙逼退。此后，孟珙成为南宋中部战场的主帅。1239 年，孟珙收复襄阳，后多次主动深入河南袭扰蒙古，致使蒙军不敢轻易进攻湖北。

蒙古的东路军也进展不大。1237 年，蒙军在安丰军（今安徽省淮南市寿县）遭到知军杜杲殊死抵抗，损兵近两万而不能克城。次年，蒙军又在庐州（今安徽省合肥市）被刚刚到此做知州的杜杲再度大败，死亡近三万人。

1239 年，南宋以参知政事、督视京湖军马史嵩之为右丞相兼枢密使，都督两淮、四川、京湖军马，并置司鄂州（今湖北省武汉市武昌区），全面负责抗蒙事务。次年又命孟珙为四川宣抚使兼知夔州（今重庆市奉节县），以扭转四川颓势。

同时，宋蒙议和始终断断续续地进行着。1238 年，蒙古提出与南宋划江为界，并按宋向金缴纳岁币之例，向蒙缴纳岁币银二十万两、绢二十万匹。对于议和，南宋一直犹豫不决。随着抗蒙形势的好转，宋蒙议和之事遂不了了之。

孟珙抗击蒙古

在抗击窝阔台的蒙古军南征期间，南宋后期最杰出的军事统帅登上了历史舞台，他就是孟珙。

孟珙（1195—1246）字璞玉，号无庵居士，绛州（今山西省运城市新绛县）人，后徙随州枣阳（今湖北省枣阳市）。他出身将门，高祖父孟安、祖父孟林都曾追随岳飞。1217年起，孟珙随父孟宗政作战，屡败金军。孟宗政去世后，孟珙继续统率其父所辖的两万余忠顺军。1233 年，孟珙率军与蒙古军合围蔡州，次年率先攻破蔡州南门，灭亡金朝。

1235 年，蒙古军在阔出的率领下向京西湖北地区发动猛烈进攻，南宋京西南路一府八州军，除金州（今陕西省安康市）外全部沦陷。这其中，就包括重镇襄阳。襄阳被宋人称为"天下之脊，国之西门"，是关乎南宋生死存亡的战略要地。时人李宗勉就认为："均州等地虽然都在战争中遭到了严重的破坏，但是长江的防线之所以还没有忧患，是因为我们还有襄州（今湖北省襄阳市）。现在襄州也丢了，那么江陵就危险了；江陵危险，长江的天险就不再能够倚仗。我们现在是危在旦夕！"

1236 年，阔出病死，蒙古军在塔思的率领下继续进攻南宋，重兵围困蕲州（今湖北省黄冈市蕲春县）。担任知黄州的孟珙闻讯，急忙率军解围。蒙军转而进攻江陵，南宋的长江防线危如累卵。千钧一发之际，孟珙再度受命支援。当时，蒙古军正在编造木筏，准备渡江。孟珙便让士兵们改变旗帜和衣服，不断地来来去去。到了夜里，又让士兵点起无数火炬，照耀江面，绵延达数十里。孟珙的虚张声势，让蒙军误以为宋军很强大，十分害怕。趁着蒙军立足未稳，孟珙主动发起了进攻。蒙军丢盔弃甲，连失二十四寨；被蒙军掠夺的两万百姓，也被孟珙救回。蒙古被迫放弃了对江陵的进攻。孟珙以一己之力，击退了来势汹汹的

蒙古，初次显示了杰出的军事才能，朝廷因此先后升任孟珙为京西湖北安抚副使、京西湖北安抚制置副使，孟珙开始成为京湖地区的主要将帅。

窝阔台见南征不行，便派出使臣与南宋议和，要求划江而治。宋理宗不仅不为所动，反而提拔孟珙升任京西湖北安抚制置使，让他全面担负起京湖战区的防务和收复襄阳的重任。孟珙也不负众望，当年便开始对蒙古进攻，并于1239年一举收复了襄阳。

不过，孟珙并未被胜利冲昏头脑。他上奏理宗说："取襄阳并不难，但是要守住襄阳却很艰难。这并不是因为将士们不勇猛，也并非车马器械不精良，实在是因为目前力量薄弱，无法守住。襄阳和樊城是朝廷的立足之本，如今我们浴血奋战夺回来了。因此，我们应该善加经营，就像守护人体的元气一样。如果没有十万大军，襄阳是守不住的。"于是，在理宗的支持下，孟珙积极部署襄阳地区的防御。

1239年十二月，孟珙获得情报，蒙古将进犯四川。孟珙断定，蒙军一定会途经川东，再度进攻湖北。后来蒙军的战略意图果然如孟珙所料，由于孟珙早有准备，蒙军没有占到便宜，兵败而去。

从这时起，孟珙的视野已经不仅局限于京湖一个地区了，他向朝廷提出了一份完整的防御计划，将川东、湖南、广西都纳入了防御体系。蒙古人后来果然迂回到云南、广西，对湖南进行战略包围，但一切早已被孟珙提前看穿，足见孟珙确实有远见卓识。

可惜，目光短浅的理宗并不能完全理解孟珙的战略，因此对他的支持也相当有限。不过，理宗还是让孟珙担任京湖安抚制置使的同时，兼任了四川宣抚使，统领四川、京湖两大战区，这对于统一防御蒙古人的进犯起到了相当积极的作用。

孟珙除了积极防御，还主动组织军队，深入敌后，袭扰蒙古军队，收复部分失地，给蒙古军造成沉重打击。他又在枣阳、秭归（今湖北省宜昌市秭归县）、汉口一带大兴屯田，为军事行动提供必要的经济支持。

孟珙还大有儒将之风，他虽是武人，却精于佛学和《周易》，有良好的修养。在军中和部下们讨论事务，部将们意见不统一，甚至一人一个看法，孟珙从不专断，往往采取折中意见。对于士人和老兵，孟珙也都和颜悦色，以恩意相待。孟珙带兵时，威风凛凛，人人敬畏；可是私下里却焚香扫地，一副超脱事外的样子。尽管他位高权重，却始终远离声色犬马。孟珙的良好品质，更让他赢得军心。

由于孟珙治军有方，又多次挫败蒙古军队的进攻，因此威名远震，甚至许多早年投降蒙古的南宋士兵，又纷纷归降。然而，就像当年同样主持京湖军政，同样名望甚重的岳飞一样，孟珙也遭到了皇帝的猜忌。孟珙知道，自己掌握着重兵，长年驻扎在长江中上游，理宗对自己非常不放心；而且理宗与高宗一样，也没有收复中原的决心。孟珙不禁叹息："我用了三十年来收拾中原的人心，如今却无法伸张自己的雄心壮志！"

1246 年九月，郁郁不得志的孟珙病逝于江陵。临终前，他向朝廷推荐贾似道接替自己的职务，并将幕僚李庭芝推荐给贾似道。孟珙去世后，他的部将王坚、李庭芝等成为南宋抗蒙的中流砥柱。

余玠守蜀

京湖迎来孟珙之际，四川也迎来了余玠。

余玠（1199—1253）字义夫，分宁（今江西省九江市修水县）人，侨寓蕲州。少年时，余玠家庭贫困，却志向远大。他曾在白鹿洞书院读书，后因犯事而投军，参与抗击蒙古的战斗，屡立战功。

宋蒙开战以来，四川屡遭战争，形势岌岌可危，可宋廷竟然一点办法都没有。1242 年，余玠入见理宗，针对宋朝重文抑武的恶劣传统，他进言说："现在不管是血统高贵的贵族、有科举功名的士人，还是家财万贯的豪强，一旦用兵作战，就被人们指斥为粗人、平庸之辈。希望陛下能够平等看待文臣武将，不要有所偏重。如果有偏袒，文臣武将之间必然产生矛盾，这绝不是国家的福分。"理宗非常赞赏余玠的看法，觉得余玠为人和观点都不同寻常，是个可以独当一面的人才。于是，一个月后，理宗便将余玠从淮东调往四川，不久又任命他为四川安抚制置使，全面负责四川防务。

余玠入蜀后，招纳贤良，集思广益。通过多方面调研，他最终决定利用蜀地多山的地理优势，通过在山上建筑山城，来构建防御体系，以此来抵挡蒙古骑兵的猛烈攻击。余玠守蜀十二年，多次击退蒙古军的进攻，不仅扭转了南宋在四川被动挨打的不利局面，而且留下了一套坚固的山城防御体系。这对支撑南宋的半壁江山意义重大。

和孟珙一样，常年守蜀的余玠也受到了皇帝猜忌，更有政敌对他无端攻击，而他收复蜀边的壮志自然也难以充分伸展。1253年，余玠病逝，当时还有人说他是服毒自尽的。余玠去世后，四川百姓无不悲恸欲绝，就像亲生父母去世了一样。宋理宗却听信谗言，抄没了余玠的家产。前线将士深感寒心。

🌀 王坚保卫钓鱼城

1241年窝阔台去世后，蒙古内部忙于争夺汗位，南宋的战争压力稍减。然而，随着1251年拖雷长子蒙哥（元宪宗，1251—1259在位）继承汗位，蒙古在亚欧大陆的军事扩张达到巅峰：1254年，灭大理；1256年，灭木剌夷（今

伊朗北部）；1258 年，灭阿拉伯帝国阿拔斯王朝；1258 年，
安南（今越南）向蒙古称臣纳贡；加之早在 1247 年，蒙古
就已经收服位于青藏高原的吐蕃诸部，蒙古已完成对南宋
的战略包围。

大理是位于我国西南部的地方政权，其
辖境包括今云南省大部、四川省西南部、贵
州省小部，以及缅甸、老挝等国部分地区。
937 年，白蛮贵族段思平（大理太祖，937—
944 在位）起兵称帝，建立大理国，以羊
苴咩城（今云南省大理白族自治州）为都。
1094 年，权臣高升泰篡位，改国号为大中。
1096 年，高氏还政于段正淳（大理中宗，
1096—1108 在位），大理进入后期，史称"后
理"。大理与宋朝一直保持着友好关系。1117
年，大理宪宗段正严（又名段和誉，1108—
1147 在位，就是小说《天龙八部》里段誉的
原型）被宋朝册封为云南节度使、大理国王，
大理从此与宋朝建立臣属关系。大理国佛教

昌盛，又盛产滇马，与宋朝的马市贸易极为兴盛。1254年，蒙古军攻破羊苴咩城，大理国亡。

余玠去世后，蒙古军卷土重来。1258年二月，蒙哥决定全力伐宋。他亲率主力四万攻打四川；宗王塔察儿领兵南下，进攻襄阳；兀良哈则从安南出兵，经广西北上。三路大军计划在鄂州会师，再东取临安。

到这年十二月，四川已大部沦陷。蒙哥率蒙军主力抵达合州（今重庆市合川区）的钓鱼城下。钓鱼城建在钓鱼山上，距合州城约十里，雄踞险要，易守难攻。钓鱼山高近四百米，削壁悬岩，三面临江，山下有江水环绕，山腰形势险峻，山上水源与良田充足。

守城的主将名叫王坚。王坚（1198—1264），邓州人，曾先后为孟珙、余玠的部将，也继承了二人的遗志。早在1251年，王坚就曾击败蒙古军，收复兴元府。1254年，王坚升任兴元府都统制兼知合州，主持钓鱼城防务，积极备战。他继承余玠的山城防御体系，发动十七万军民修缮钓鱼城及周边防御工事，远近前来避难的人口达十万之众。

钓鱼城虽然地势险要，但毕竟是外援断绝的孤城。蒙哥派人入城招降，没想到却被王坚在钓鱼城阅兵场当众处死。气急败坏的蒙哥于 1259 年二月亲自督战，对钓鱼城发动猛攻。然而直至六月，钓鱼城仍不动如山。蒙军师老兵乏，士气低落；宋军却以逸待劳，士气高昂。王坚还命守城的宋军向城下的蒙军投掷鲜鱼和面饼，并给蒙哥写信说："你们北兵可以一直吃这些鱼和饼，在这里再攻十年，但是你们绝对攻不下来！"

这年七月，蒙哥在城东指挥作战时，被炮石击中，不治而亡。临终前，他留下遗言："若克此城，当尽屠之！"蒙军主力不得不北撤，为了泄愤，沿途杀害了两万余无辜平民。

钓鱼城保卫战是南宋抗蒙以来取得的最大胜利，对于暂时挽救四川危局起到了决定性作用。1260 年，王坚因功被召回临安，任侍卫步军都指挥使，后又改知合州兼管内安抚使。可惜的是，王坚最终受到权臣贾似道的猜忌排斥，于 1264 年抑郁而终。为了纪念王坚，合州军民为他立碑，"王公坚以鱼台一柱支半壁"，是碑上目前能读出来的残文。

鄂州保卫战

就在蒙哥围攻钓鱼城之际，其四弟忽必烈已替代塔察儿为主帅，率蒙军渡江，包围鄂州；北上的兀良哈也已兵临潭州（今湖南省长沙市）。宋廷大骇，急命枢密使贾似道兼领京西，湖南、北，四川宣抚大使等数职，领兵支援。

贾似道（1213—1275）字师宪，台州天台（今浙江省台州市天台县）人。他是宋理宗时进士，因姐姐贾贵妃有宠于理宗，再加上自己有些军事能力，故而仕途一帆风顺。1259年十月，贾似道入鄂州城内督师，理宗命人在军中拜他为右丞相兼枢密使。

忽必烈亲自指挥攻城，战斗异常惨烈。蒙军数次利用攻城器械，攻破鄂州城墙，但都被守城将士及时修补。贾似道又命宋军在一夜之间沿城墙内壁建造木栅，防止蒙军破城墙而入。在贾似道的指挥下，鄂州固若金汤，南宋各路援军也如期而至。忽必烈不禁感叹："我如何才能获得贾似道这样的人才啊！"

　　蒙军耗损越来越严重，加上蒙哥死后，汗位空悬，忽必烈急于退军争夺汗位。闰十一月，贾似道遣使向蒙方求和，表示南宋愿与蒙古以长江为界，岁纳银二十万两、绢二十万匹。忽必烈顺水推舟，同意议和。由于忽必烈急于北撤，双方根本来不及讨论议和的具体内容，不但没有达成书面条款，甚至连口头协议都没有。这为日后宋蒙重启战端埋下了伏笔。

　　历时百余日的鄂州保卫战以南宋的胜利而结束，兀良哈也从潭州撤军。在向理宗报捷时，贾似道夸大战功，对向蒙古求和之事只字未提。理宗大喜过望，将贾似道比作赵普、文彦博，命他立即入京主持朝政。

　　南宋最后一个权臣时代，就此拉开帷幕。

贾似道擅权

　　宋理宗亲政后期，没有了端平更化时的励精图治。他整日醉生梦死，在临安大兴土木，朝政一以委人。理宗宠溺的阎贵妃恃宠干政，右丞相兼枢密使丁大全、同签枢密院事马天骥狼狈为奸，宦官董宋臣无恶不作，四人内外勾结，国政大坏。正人君子无不痛恨四人擅权，甚至有人在朝门上大书八字："阎马丁当，国势将亡！"

1259年，丁大全被罢相，理宗分别以吴潜和贾似道为左、右丞相兼枢密使。1260年四月，取得鄂州保卫战胜利的贾似道还朝，一面排挤吴潜致其罢相，一面打击阎、马、丁、董的势力，一面又控制台谏，并对积极参与朝政的太学生威逼利诱。他排除了一切异己力量，完全把持了舆论与朝政，从此开始了长达十七年的专政。

贾似道确实具备一定的政治与军事才能，他推行改革，试图拯救危机重重的南宋。然而，这些改革措施，往往又夹杂着大量贾似道的个人意图。

比如他在军队推行打算法，核实军费开销，整顿军中普遍存在的虚报开支、大吃空额问题。这本来对于整顿军政、厘清财费、澄清吏治具有积极作用，然而贾似道为人刚愎自用，嫉贤妒能，他利用打算法，大肆打击自己不满的武将。不少抗蒙名将遭到陷害，备受折磨，甚至被迫害致死。潼川路安抚副使刘整走投无路，被迫以辖下泸州十五州府、三十万户投降蒙古。这不仅严重改变了宋蒙在这一地区的力量对比，更为南宋未来树了一大强敌。

理宗无子，收养其弟嗣荣王赵与芮的儿子赵孟为养子，赐名赵禥。1264年，理宗病逝，赵禥即位，是为宋度宗（1264—1274在位）。度宗先天智力低下，直到七岁才会说话。即位后他纵情声色，不理朝政，贾似道也因此得以继续擅权。1265年，贾似道拜太师；1267年，又晋平章军国重事，三日一朝，位在宰相之上；1270年，又改为十日一朝。度宗甚至还尊称他为"师臣"。贾似道专断国政，自宰相以下，都必须对他俯首帖耳，否则就会被立刻赶出朝廷。

随着权势的增加，贾似道越发纵情享乐，不理国事。他整日与自己成群的姬妾混迹在度宗赐给他的西湖畔之葛岭，初秋之时更与群妾趴在地上斗蟋蟀，被人骂为"蟋蟀宰相"。

在度宗和贾似道的腐朽统治下，南宋贪官污吏横行，财政危机加剧，社会矛盾空前尖锐，加之蒙古步步紧逼，南宋已面临亡国之灾。

🌀 公田法改革

南宋因对外战争不断，必须常年维持着庞大的正规军，所需军粮甚多。但由于户籍和土地管理混乱，土地兼并，偷税漏税严重，加上战争破坏，南宋依靠常规的田赋已经难以征收到足够的粮食。军粮的供应主要依靠"和籴"。

所谓和籴，就是官府通过公平交易，向民户购买粮食；但实际上和籴与强征无异，相当于一种苛捐杂税，不仅百姓苦不堪言，征粮的效果也越来越差。不少官员提出了各种改革方案，希望通过改革土地和赋税制度来解决军粮征收问题。

在这种思潮的影响下，贾似道向理宗提出公田法方案。按照这一方案的设计，朝廷依据品级对官员的占田数量进行限制，一品官限田五十顷，每品递减五顷，至九品官为五顷。超出的部分抽取三分之一，由朝廷购买成为公田，再租给民户耕种。如果这些官田每十亩能收获六七石租米，就可以解决军粮问题。

公田法直接触犯了官僚利益，理宗犹豫不决。贾似道以辞官相要挟，才逼迫理宗同意。1263年二月，公田法正式实施。贾似道带头献出浙西的一万亩私田作为公田，理宗的弟弟嗣荣王赵与芮紧随其后，从而暂时平息了反对浪潮。

　　然而，官员逾限的田地远远不足公田的数额，于是限田的范围越来越大。先是普通民户的占田数量被限制在五顷，后又降至二百亩，最后无论官民，超出一百亩以外的田地，都要拿出三分之一卖给朝廷作公田。这就成了向全民摊派卖地。

　　更糟糕的是，朝廷购买公田，并不支付现钱。购买一千亩以上公田的，支付百分之五的银两，其余则为各种有价证券和纸币会子。五百至一千亩的，连百分之五的银两都不给了，一半用有价证券支付，另一半则用会子；五百亩以下，干脆就只用会子支付。由于通货膨胀严重，有价证券和会子早就形同废纸。二百文的会子连一双草鞋都买不了。即便如此，行在会子所仍然每天加印十五万贯会子，专门用来买公田。这就跟抢劫毫无区别了。

　　1247 年，宋理宗为了抑制通货膨胀，曾命令十七界和十八界会子不再限定使用年限，为永久使用的纸币，但效果有限。随着公田法的推行，南宋朝廷大肆滥发会子，会子贬值更加严重。1264年，贾似道下令停用十七界会子，在一个月内全部兑换成十八界；接着又发行"金银见钱关子"，宣布关子与十八界会子的兑换率为一比三，以此来拯救濒临崩溃的纸币信用。结果却适得其反，导致物价飞涨，民不聊生。

为了配合公田法的实施，贾似道又于1265年在江南实施经界推排法，为公田法提供数据支持。

公田法的实施，对于解决军粮问题、缓解财政危机，确实产生了积极作用。1263年七月，公田法实施还不到半年，财政就实现了"中外支用粗足"。然而，这样的"粗足"却是建立在对全民打劫的基础上的。特别是吏治腐败严重，官吏在推行公田法的过程中徇私舞弊，使公田法的掠夺性进一步加深。上至田连阡陌的官僚地主，下至租田耕种的无地佃农，在这场改革中都成了被搜刮的对象，不少民众倾家荡产。

❀ **思　考** ❀

（一）南宋时期，涌现出岳飞、韩世忠、余玠、孟珙、王坚等一大批拥有民族气节的爱国将领，你还能举出其他朝代同样具有民族气节的人物吗？

丹心照汗青 第三节

危在旦夕

　　忽必烈自鄂州退军后，于 1260 年在开平府（今内蒙古自治区锡林郭勒盟正蓝旗东闪电河北岸）自立为蒙古大汗，并称皇帝；其弟阿里不哥也在蒙古贵族的推举下，在哈拉和林（今蒙古国后杭爱省鄂尔浑河上游右岸厄尔德尼召北哈尔和林）继承汗位。双方为了争夺蒙古汗位，展开了激烈的斗争。1264 年，阿里不哥兵败投降。忽必烈已无后顾之忧，蒙古与南宋的决战即将打响。

　　襄阳和樊城夹汉水而立，在南北分裂时期，因地处要冲，向来为兵家必争之地。宋蒙战争初期，双方在襄樊一带展开激烈争夺，襄阳与樊城数度易手。1250 年，在宋理宗的支持下，京湖安抚制置使兼知江陵府李曾伯开始"经理襄阳"。经过两三年的经营，本已残破的襄阳、樊城重新成为中部战区的堡垒。

1261 年，南宋名将刘整因受上司吕文德和俞兴诬陷，又目睹众多名将被贾似道迫害致死，被迫投降蒙古。刘整曾在孟珙麾下，征战京湖、四川数十年，他的投降，对南宋造成了致命威胁。

1267 年，蒙古采用刘整之计，贿赂镇守鄂州的京湖制置使吕文德，使其同意蒙古人在樊城外设立榷场。蒙军随即以防止榷场货物失窃为名，沿汉水修筑堡垒。接着，刘整向忽必烈提出统一全国的建议，并提议将对宋用兵的重点从四川转到襄樊，然后由汉水入长江，一举攻下临安。忽必烈采纳其谋，命征南都元帅阿术与刘整领兵进攻襄阳。为了弥补蒙古军队的水战劣势，刘整还训练了一支水军。

1268 年九月，蒙军开始围攻襄阳、樊城，吕文德的弟弟、京西安抚副使兼知襄阳府吕文焕率军迎敌。当年蒙古人在榷场修筑的堡垒，这时发挥了巨大作用。吕文焕数次举兵突围，未能成功；张世杰、夏贵、范文虎依次率军来援，也均被蒙军依托堡垒击退。1269 年十二月，吕文德病逝，临终前深感允许蒙古人设置榷场是一大失策，失声大呼："误国家者，我也！"

1270 年正月，李庭芝接任京湖安抚制置使，并兼夔路策应使、知江陵府，督师救援襄樊；殿前副都指挥使范文虎也率军来援，但他只听命于贾似道，不受李庭芝节制。大敌当前，贾似道以私心为重，导致救援襄樊的行动无法统一调度。

对于襄樊的紧急状况，昏庸如宋度宗也心急如焚。他问贾似道："襄阳被围困了三年了，这可怎么办？"贾似道竟然骗他说："北兵已经撤退了。"

> 1260 年三月，忽必烈曾遣郝经为国信使，赴南宋告知即位之事，并提出鄂州议和中尚未最终确定的南宋向蒙古割地、纳贡之事。贾似道怕私自议和的事情败露，便命人将郝经扣留在真州，不让他见到宋理宗。1261 年七月，忽必烈以南宋扣留郝经为背约，下诏伐宋，但因正与阿里不哥争夺汗

位，分身乏术。但拘留郝经，为后来忽必烈
的正式发兵提供了借口。1275 年，忽必烈再
度向南宋交涉，已是元军手下败将的贾似道
才急忙将郝经礼送回国。

血战襄樊

1271 年，忽必烈改国号为元，是为元世祖（1260—
1294 在位）；次年又改中都为大都（今北京市），以此为京
师。元朝建立后，统一步伐加快。南宋西起四川，东至两
淮，全线告急。范文虎提十万水师解救襄樊，被元军击溃，
伤亡惨重。

1272 年，襄阳出现了食盐和布匹短缺。李庭芝派张顺、
张贵率三千敢死队乘着夜色，突破元军战舰在汉江上的封
锁，于黎明时将食盐和布匹送入襄阳，宋军将士士气大振。
可惜张顺在战斗中英勇牺牲。后来，张贵率船队突围，范
文虎却违约未来接应，张贵遂陷入元军重围。张贵率领将
士拼死力战，终因寡不敌众而被俘。元军将他杀死，抬到

襄阳城下，宋军将士哭成一片。襄樊自此绝援。

1273 年正月，元军对樊城发起总攻，切断了樊城与襄阳的联系，并使用能发巨石的回回炮，轰破了樊城城墙。樊城最终失陷。守将范天顺仰叹"生为宋臣，死为宋鬼"

　　而自杀；牛富率将士死战，杀敌无数，最后身负重伤，投
火而死。二月，吕文焕在绝望中献襄阳城出降。

　　至此，长达六年之久的襄樊保卫战以宋军惨败告终，
临安门户洞开，南宋朝野震动。到了这般田地，贾似道竟

然仍大言不惭地对宋度宗说："如果陛下早点让我上前线，事情也不至于如此。"

临安出降

1274年七月，年仅三十五岁的宋度宗去世。贾似道拥立度宗四岁的儿子赵㬎即位，是为宋恭帝（1274—1276在位）；太皇太后谢道清（宋理宗的皇后）垂帘听政。

这年九月，元朝兵分两路，进攻南宋的荆、淮地区。丞相伯颜率主力沿汉水和长江东下，宋军望风披靡，元军势如破竹。十二月，鄂州降元。1275年正月，黄州（今湖北省黄冈市）、蕲州（今湖北省黄冈市蕲春县北）、江州（今江西省九江市）、安庆府（今安徽省潜山市）降元；二月，元军占领池州（今安徽省池州市）。

宋廷眼见形势危急，于1274年十二月命贾似道都督诸路军马，以步军指挥使孙虎臣总统诸军，并下诏勤王。然而，贾似道始终不敢出兵。直到1275年正月，听闻刘整已死，他才主动上表，决意出师。

此时的贾似道，早已没有当年指挥鄂州保卫战的意气风发。他惧怕与元军决战，于二月再度提出向元朝称臣、纳贡的请求。没想到伯颜只回复了八个字："宋人无信，唯当进兵！"元军继续东进，在池州附近的丁家洲与孙虎臣率领的七万宋军相遇。督战的贾似道远远躲在后方的鲁港（今安徽省芜湖市南），前方指挥作战的孙虎臣、夏贵也不战而逃，宋军溃败。元军大获全胜，俘获南宋将领三十余名、士兵五千余人、战舰一千余艘。南宋主力大部被歼灭，士气丧失殆尽。

元军一鼓作气占领了建康、镇江、常州、无锡等地，临安危在旦夕。贾似道本打算迁都庆元府（今浙江省宁波市），然而迁都计划尚未实施，他便在满朝弹劾中，于五月遭到罢官流放，并于九月被监送官郑虎臣杀于漳州。

与此同时，文天祥、张世杰、李庭芝、李芾等少数文武官员响应勤王号召，救援临安。

张世杰（？—1279），范阳（今河北省涿州市）人，早年曾加入元军，后来投宋，从小校积累军功至都统制。朝廷号召勤王，张世杰率部入卫临安，甚至一度收复平江府（今江苏省苏州市）等地临安周边的部分失地。

　　文天祥（1236—1283），字宋瑞，一字履善，号文山，吉州庐陵（今江西省吉安市）人，是宋理宗时状元。朝廷号召勤王时，文天祥正在知赣州任上组织抗元武装。朝廷危难之际，他毅然率万人入援临安，后出知平江府（今江苏省苏州市），旋入知临安府。

　　就在元军迫近之际，张世杰与文天祥主张合兵背临安城一战，却遭到右丞相兼枢密使陈宜中的阻止。陈宜中对这些勤王的文臣武将并不信任，南宋已有倒悬之危，陈宜中却仍然要搞"杯酒释兵权"那一套，收夺这些勤王将领的兵权，真是病入膏肓、不可救药！

　　1276年正月，伯颜进驻皋亭山（在今浙江省杭州市余杭区西南），距离临安仅一二十里，宋廷拜文天祥为右丞相兼枢密使、都督诸路军马，文天祥坚辞不受，出使元军去议和，慷慨陈词痛斥伯颜，被伯颜拘留在营中。太皇太后谢道清见大势已去，献表投降，南宋作为全国性政权正式结束。

　　临安出降后，宋恭帝与其生母太后全氏、后宫百余人，以及宗室、外戚、官僚士大夫及太学生百余人于这年三月被遣送大都。临安府库的钱谷收藏、户口版籍、礼乐祭器、图书珍宝等，也被一并运往大都。五月，恭帝一行又到达上都开平府朝见元世祖，恭帝被降封为开府仪同三司、瀛国公。八月，太皇太后谢道清抱病北迁，降封寿春郡夫人。后来，太后全氏出家为尼，终老正智寺；谢道清寿终正寝。恭帝长大后出家为僧，在吐蕃研习佛法，1323 年被元英宗赐死，享年 53 岁。

　　就在太皇太后谢氏、宋恭帝代表南宋朝廷向元朝投降的前后，南宋各地军民奋勇而起，竭力组织保卫战，以大无畏的精神与元军进行了殊死搏斗！

潭州保卫战

　　李芾（？—1276）字叔章，先世居广平（今河北省邯郸市永年区），后为衡州（今湖南省衡阳市）人。他早年历任地方官，执法严谨，颇有政声，但也因此得罪了当权的贾似道，遭到罢免。直到南宋灭亡前夕，李芾才被重新起用。临安沦陷之际，李芾率兵勤王，后被朝廷任命为湖南安抚使兼知潭州。

1275年七月，李芾来到潭州。当时潭州的守军早已被调往他处作战，潭州几乎无兵可用。如此危机的形势下，李芾仍然积极组织当地军民保卫潭州。他一面招募三千民兵作为守备主力，一面与附近的少数民族搞好关系，以为声援。当元将阿里海牙率军兵临城下之际，李芾更是亲自登城督战，城中百姓无论老幼皆自发协力守城，与元军大小数十战。元军多次派人招降，都被李芾杀死。

然而，面对强大的元军，孤军奋战的潭州根本没有胜算。这年十二月，元军攻破了潭州外城。除夕，阿里海牙率元军发动总攻，潭州城即将沦陷。李芾急忙召见亲随沈忠，再三嘱咐道："我已经竭尽全力，理当殉国。我的家人也不能屈辱地成为俘虏。你帮我把家里人都杀死，然后再来杀我。"1276年大年初一，李芾全家壮烈殉国。沈忠在奉命杀死李芾一家后，便四面放火，回家杀了自己的家人，然后自尽了。

潭州老百姓听说李芾殉国，悲痛万分，不少人举家自尽。守将见大势已去，向阿里海牙献城。

扬州保卫战

李庭芝（1219—1276）字祥甫，祖籍开封，后徙随州。李庭芝是孟珙的部将，孟珙去世前夕，将他推荐给了自己的继任者贾似道。襄樊失守后，宋廷再度起用李庭芝担任淮东制置使。

1275 年十月，伯颜率蒙古军主力长驱临安后，阿术领偏师加紧围攻扬州。这年冬天，扬州城已经断粮，到处都是饿死的人，李庭芝和通州副都统姜才依然率当地军民顽强守城。

次年二月，太皇太后谢氏和恭帝相继派人持诏书到城下让李庭芝等降元，李庭芝却登城告诉使者："奉诏守城，没听说过下诏让投降的！"旋即命姜才等人以弓箭将使者射退。

到了七月，已在福州即位的宋端宗召李庭芝、姜才南下，二人遂率七千人突围。李庭芝等人刚一离开，扬州守将便降了元。阿术发兵继续追击，李庭芝、姜才被元军围于泰州。

> 南宋灭亡后，益王赵昰在南宋旧臣拥立
> 下即位，史称宋端宗。

阿术将李庭芝部下的妻子押到泰州城下劝降，泰州守将开城投降。姜才因身负重伤，无法应战；李庭芝跳莲池自尽，没能成功。两人一起为叛军所执。面对阿术的威逼利诱，李庭芝与姜才誓死不屈，惨遭杀害。

静江府、重庆与钓鱼城保卫战

1276 年夏，阿里海牙大举进攻广西。广西经略马墍率三千士兵北守严关（今广西壮族自治区桂林市兴安县西南）。阿里海牙许以广西大都督，反复劝降，马墍不为所动。七月，严关破，马墍退守静江府（今广西壮族自治区桂林市），与元军前后百余战。1277 年正月，静江府破，马墍重伤被俘。据说元军砍下他头颅之际，他犹紧握双拳奋起，站立了好一会儿才倒下。城中百姓见元军破城，有的焚烧居室，有的投水自尽，誓死不从。阿里海牙恼羞成怒，坑杀了全城居民。

1275 年四月，四川制置副使兼知重庆府张珏入援蜀地，但当时元军切断了蜀地通往江南的水陆交通，蜀地已大片沦陷。十二月，张珏经过多次血战，终于突破重重封锁，进入重庆府（今重庆市），迫使元军暂退。1277 年，元军再度包围重庆，张珏拒降。1278 年二月，元军破城，张珏巷战失败，突围后被俘，壮烈牺牲。

张珏进入重庆府后，统制王立镇守钓鱼城，与张珏互为掎角之势。然而，接连的大旱，使钓鱼城中开始断粮，甚至出现"易子而食"的惨象。张珏遇难后，围攻钓鱼城的元军越来越多，抗元已成必败之局，而城中军民依旧同仇敌忾，视死如归。王立还记得蒙哥临死前誓要屠城的话，他对部下说："我们当以死报国，可是这十几万生灵怎么办？"几经斡旋，在最终获得元世祖不屠城的承诺后，王立于 1279 年正月出降。

至此，南宋军民惊天地、泣鬼神的抗元斗争已接近尾声。一个月后，宋元展开了最后一场关乎生死的决战——崖山海战。

海上流亡

陆秀夫（1235—1279）字君实，楚州盐城（今江苏省盐城市）人，早年曾为两淮制置使李庭芝的幕僚，后累迁至礼部侍郎。1276 年正月临安沦陷前夕，他曾奉命出使元军请和。这年三月，在陆秀夫的护卫下，年仅九岁的益王赵昰和五岁的广王赵昺，历尽艰辛，来到温州。

不久，南宋右丞相兼枢密使陈宜中前来投奔，曾经参与临安勤王的张世杰也率部从定海（今浙江省宁波市东北）应召而至。于是，他们假托太皇太后谢道清手书，成立都元帅府，以赵昰为天下兵马都元帅，赵昺为副元帅。四月，都元帅府经海路转移至福州。五月一日，众人拥立赵昰为皇帝，是为宋端宗（1276—1278 在位）；其生母杨淑妃为太后，临朝听政；封赵昺为卫王；又以陈宜中为左丞相兼都督，张世杰为枢密副使，陆秀夫为签书枢密院事，并召远在扬州的李庭芝来朝任右丞相；改福州为福安府。南宋流亡小朝廷正式成立。

小朝廷的成立，给各地艰苦抗元的爱国将士以极大鼓舞。这时的文天祥已经从元军中逃脱，他将陈宜中和张世杰比作中兴唐朝的李光弼和郭子仪。文天祥应召来到福安府，担任右丞相兼枢密使、都督诸路军马，但很快他发现，这个流亡小朝廷远远没有达到自己的期待。

身为宰相的陈宜中，与文天祥、张世杰、陆秀夫皆不和，陆秀夫甚至一度被陈宜中煽动台谏弹劾罢免。张世杰虽然手中握兵，却一味主张南逃。主张积极抗元的文天祥因与陈宜中、张世杰意见相左，索性辞去右丞相，以枢密使兼同都督诸路军马的职位出兵江西。

1276 年十月，元军从水、陆两线进入福建，端宗小朝廷被迫再度泛海流亡。船队到达蒲寿庚掌控的泉州。为争取蒲寿庚，端宗小朝廷授他为福建广东招抚使、总海舶。

蒲寿庚（1205—1290），又作蒲受畊，字海云。他是宋元之际巨商，为世代经商的阿拉伯后裔，属于典型的蕃客。蒲寿庚的父亲蒲开宗始迁居泉州。南宋最后三十年，蒲寿庚操控泉州外贸，垄断香料贸易，获得巨额利润。他拥有数量众多的海船和强大的海上

武装力量，并于 1274 年助南宋官军击退海盗，出任提举泉州市舶司、福建安抚沿海都制置使。1276 年元军攻陷南宋都城临安后，蒲寿庚审时度势，本来已经决心降元。正在此时，张世杰却拥宋端宗来到泉州，于是蒲寿庚归附端宗小朝廷。

　　然而，张世杰并未真正把蒲寿庚放在眼里。为了军队补给，他放任士兵劫掠蒲寿庚的船舶物资，蒲寿庚一怒之下叛宋降元，大肆屠杀城中的宋宗室和士大夫。张世杰这才见识了蒲寿庚的厉害，自知不是对手，连忙率军南逃。此后，蒲寿庚积极协助元朝剿灭南宋残余势力，并继续操控泉州外贸，蒲氏家族在泉州盛极一时。这些都是后话了。

　　再说张世杰和端宗小朝廷。在遭到蒲寿庚的武力驱逐后，小朝廷的船队在元军追迫和飓风袭击下，在广东洋面几经周折。眼看前途无望，宰相陈宜中竟然借口到占城去联络援军，就此一去不返。

　　1278 年四月，年仅十一岁的端宗病逝，群臣准备散伙。陆秀夫慷慨陈词道："度宗皇帝还有一个儿子在，将要置他于何地？古人有依靠一支军队完成中兴大业的，现在我们百官皆在，士卒也有数万，上天要是不想断绝宋朝的江山，我们凭借这些难道还不能立国吗！"在陆秀夫的坚持下，群臣拥立七岁的卫王赵昺为帝，史称帝昺（1278—1279 在位）。杨太后继续垂帘听政，张世杰依旧担任枢密副使，陆秀夫升任左丞相。

张世杰本想将小朝廷移至占城，但因无法突破元军在雷州（今广东省雷州市）一带的海上封锁，只好回师，驻扎于厓山（今广东省江门市新会区崖门附近）。

🌀 厓山海战

厓山位于海中，与其西的汤瓶山对峙如门，内部形成天然的避风港。张世杰认为这里是"形胜之地"，可以久守，于是将千余条大船用铁索连接起来，筑成水寨。上面建起楼橹，远远望去就如城墙一般。

1279 年正月，元朝都元帅张弘范等部追至厓山。当时元军不超过三万，战舰只有四百余艘；而宋军约有二十万，

战舰千余艘。从兵力上看，宋军占据优势。张弘范并未急于进攻，而是封锁了厓山南端的入海口，断绝了宋军的淡水供应，缺水的宋军犹如瓮中之鳖，疲惫不堪，战斗力下降。

张世杰的外甥当时正在元军中，三次前往劝降，均被张世杰拒绝。张世杰说："我知道投降能活命，还能大富大贵，但忠义之志绝不动摇！"

二月六日，阴风怒号，元军对宋军发起最后的总攻。宋军战舰铁索相连，进退不得，多被元军摧毁。元军又举火烧船，宋军崩溃。张世杰急命人砍断铁索，率十余艘战舰护卫杨太后突围而出。

张世杰曾派小船去接应帝昺，但守卫帝昺的陆秀夫怕小船是元军假冒，拒绝来人将帝昺接走。眼见帝昺的座舰已无法突围，陆秀夫决定舍生取义。他仗剑将自己的妻子儿女驱入海中，其妻抠着船舷不肯自尽，陆秀夫喝道："都去！还怕我不来吗！"其妻这才松手，沉入海底。

陆秀夫悲壮地对帝昺说："国事至此，陛下应当为国而死。德祐皇帝（指恭帝）已经受到了极大的侮辱，陛下不能再受辱了！"说罢，背起八岁的帝昺，跳入深不见底的大海。

眼见大势已去，官员、将士也纷纷投海自尽。杨太后听闻帝昺死讯，痛不欲生，她哭道："我忍到今天没死，就是为了赵氏的一块肉啊！现在没希望了！"说罢，也投水而亡。

张世杰收拾残部，打算远走占城，重建宋室，但部下不愿背井离乡，张世杰只好返回广东海面。五月，飓风大作，舰队倾覆，张世杰坠海身亡。

崖山海战是元朝消灭南宋的最后一战，流亡近三年的南宋小朝廷最终灭亡。然而，宋末爱国志士的气节与精神，却并未随着赵氏江山的倾覆而消散。还有最后一人，将与他的千古诗篇一起，成为那个时代的绝响。

🌀 "留取丹心照汗青"

1277 年五月，文天祥因对端宗小朝廷感到失望，率军进入江西，大破元军。江西各地云集响应，一度掀起了抗元高潮，收复州县多处。元朝江西宣抚使李恒见状，立即发重兵围剿。文天祥终究寡不敌众，被迫退入岭南。1278

年十二月，他在五坡岭（今广东省汕尾市海丰县北）不幸被俘，自杀未遂。

1279 年，元军攻厓山，都元帅张弘范把文天祥押到船上。船队经过零丁洋，张弘范让文天祥给张世杰写劝降信，文天祥却写了一首《过零丁洋》，表明心迹：

> 辛苦遭逢起一经，干戈寥落四周星。
> 山河破碎风飘絮，身世浮沉雨打萍。
> 惶恐滩头说惶恐，零丁洋里叹零丁。
> 人生自古谁无死？留取丹心照汗青。

张弘范见诗，对文天祥大为钦佩，直呼"好人！好诗！"，自此不再提劝降之事。

厓山海战结束后，元世祖下诏说"谁家无忠臣"，命张弘范礼待文天祥。十月，文天祥被押至大都。元朝朝廷对文天祥的供帐饮食待如上宾，但文天祥拒绝优待，要求将自己关入狱中。

为了让文天祥投降，世祖煞费苦心，派了一个又一个重要人物来威逼利诱。已经降元的南宋状元宰相留梦炎，被降封为瀛国公的宋恭帝赵㬎、元朝重臣平章政事阿合马，一个个信誓旦旦而来，垂头铩羽而去。元朝丞相孛罗气得要杀文天祥，但元世祖不同意，病中的张弘范也极力劝世祖不要杀他。

在狱中，文天祥写下了著名的《正气歌》，其中写道：

天地有正气，杂然赋流形。

下则为河岳，上则为日星。

于人曰浩然，沛乎塞苍冥。

皇路当清夷，含和吐明庭。

时穷节乃见，一一垂丹青。

这首诗慷慨激昂，苍凉悲壮，具有强烈的感染力，抒发了文天祥忠贞不屈的浩然正气和坚贞顽强的民族气节，传诵至今。

文天祥在大都被囚禁了三年二个月。1282年，南宋降臣王积翁等联名上奏元世祖，干脆让文天祥去当道士，以免元朝落下杀戮忠良的恶名。然而，中山府（今河北省定州市）却突然爆发了数千人的反元起义，义军自称是南宋幼

主，准备到大都劫狱，救出文天祥。

只要文天祥不为元朝所用，他就是一面永远屹立不倒的反元旗帜。元世祖与文天祥，不得不做出最后的了断。

十二月八日，元世祖召见文天祥，文天祥依旧长揖不跪。元世祖道："你能以对宋朝的忠心来效忠大元，我就让你做大元的宰相。"文天祥却毅然决然地答道："天祥受大宋三朝厚恩，号称状元宰相。现在让我来辅佐其他人，这非我所愿。"世祖追问："那你的愿望是什么？"文天祥答："愿一死足矣！"元世祖终于明白，文天祥无论如何也不会归顺自己，不禁长叹道："好男儿！不为我所用，杀了他实在太可惜了！"

十二月九日，万余百姓自发来到柴市（在今北京市东城区），为文天祥送行。文天祥从容不迫地来到刑场，朝故国所在的南方拜了两拜，慷慨就义。文天祥殉难后，人们在他的衣带中发现他生前留下的绝笔：

孔曰成仁，孟曰取义。

惟其义尽，所以仁至。

读圣贤书，所学何事？

而今而后，庶几无愧！

意思是："孔子说要'杀身成仁'，孟子说要'舍生取义'。只有尽到了义，才能成就仁。我读圣贤书，学到的是什么？从今以后，我或许可以内心无愧了！"据说，文天祥受刑刚毕，就传来了元世祖停止行刑的诏令。

❀ 思　考 ❀

（一）导致襄阳、樊城失陷的原因有哪些？你认为哪些因素是可以避免的？

结语

宋朝是一个什么样的朝代？

　　我国著名史学家陈寅恪先生认为："华夏民族之文化，历数千载之演进，造极于赵宋之世。"著名宋史学家邓广铭先生也指出："宋代是我国封建社会发展的最高阶段，两宋时期的物质文明和精神文明所达到的高度，在中国整个封建社会历史时期之内，可以说是空前绝后的。"

　　"造极"和"空前绝后"，仅这两个词，就足以说明宋朝在中国历史上的崇高地位。宋朝是当时世界上的大国，经济文化高度繁荣，科学技术得到发展，很多方面在世界上都处于先进水平。

　　举世闻名的中国古代四大发明，其中的印刷术、火药和指南针，基本都是在宋代获得深入广泛的开发和应用。

长江中下游地区农作物产量高，海外贸易繁荣，成为当时世界上经济最发达的地区。开封、临安（今浙江省杭州市）、泉州都是名扬海外的国际性都市。人类历史上的第一张纸币，也诞生于宋朝。以宋朝为起点的海上丝绸之路，是当时国际上最重要的贸易路线之一，中国的丝绸、陶瓷经由这条海上商路畅销海外。

宋代的文化也极为昌盛，宋词在文学史上占有重要地位，宋人对古文的贡献也很大，"唐宋八大家"中宋朝占了六位。文人画理论的形成也在宋代，北宋的画卷《清明上河图》至今仍是国宝。以理学和心学为代表的宋学思想，更是将中国古代的学术与思想推向了新的高峰。

宋代的经济、文化和技术能够走向巅峰，原因是多方面的，开明的政治风气与包容的社会环境无疑是原因之一。历史学家们普遍认为，宋代是中国古代最开明的朝代，言论相对自由，思想相对开放，士大夫在政治上占有重要地位，与皇帝共治天下，中国古代的政治文明也走向了鼎盛。

当然，宋代存在问题也是显而易见的，即便是宋代最引以为傲的士大夫政治，也有着难以消除的弊病。宋朝在三百年间，长期推行崇文抑武的政策。尽管在建国之初，这一政策使宋朝成功摆脱了五代兵变频仍的恶性循环，具有极为重要的积极意义，可后来却对宋朝产生了非常不利的影响。这一指导思想下，武将备受猜忌，军队指挥系统僵化，习武之风受到社会的集体歧视。这使得宋朝的文治畸形发展，武功始终不振。且不说在辽、金、蒙元面前，宋朝的军事力量常落下风，即便面对实力相对较弱的西夏，宋朝军队也往往占不到便宜。正因如此，在汉唐宋元明清几大朝代中，宋朝的疆域最为狭促，甚至不曾完成过真正意义上的天下一统。此处，在繁荣景象的背后，隐藏着统治者对老百姓沉重的剥削压迫。即便是在号称"盛治"的宗仁时期，老百姓依然生活得水深火热。这不得不引起后人的反思。

今天，宋朝的人事纷扰早已成为过眼烟云，但是宋人身上的那股浩然正气却从未走远。以天下为己任如赵普、寇准、范仲淹、王安石、司马光，刚正不阿如包拯，坦荡持正如范纯仁，立心立命如朱熹，尽忠报国如李纲、宗泽、岳飞、孟珙，成仁取义如文天祥、陆秀夫、张世杰……那股崇高的气节与坚贞的操守，鼓舞着一代又一代中华儿女，作为中华民族的伟大精神遗产传承至今。

（元）脱脱等撰，《宋史》（标点本），中华书局，1985。

（宋）李焘撰，《续资治通鉴长编》，中华书局，2004。

（宋）陈均撰，《皇朝编年纲目备要》，中华书局，2006。

（宋）王称撰，《东都事略》（二十五别史本），齐鲁书社，2000。

（宋）李心传撰，《建炎以来系年要录》，中华书局，2013。

（宋）佚名撰，《皇宋中兴两朝圣政辑校》，中华书局，2019。

（元）佚名撰，《宋史全文》，中华书局，2016。

（元）佚名撰，《宋季三朝政要》，中华书局，2010。

朱易安、傅璇琮等主编，《全宋笔记》，大象出版社，2003—

2018。

（宋）薛居正等撰，《旧五代史》（修订本），中华书局，2016。

（宋）欧阳修撰，（宋）徐无党注，《新五代史》（修订本），中华书局，2016。

（元）脱脱等撰，《辽史》（修订本），中华书局，2016。

（元）脱脱等撰，《金史》（标点本），中华书局，1975。

（明）宋濂等撰，《元史》（标点本），中华书局，1976。

陈振著，《宋史》，上海人民出版社，2003。

虞云国著，《细说宋朝》，上海人民出版社，2013。

邓小南著，《祖宗之法——北宋前期政治述略》（修订版），生活·读书·新知三联书店，2014。

何忠礼著，《南宋全史》（第1，2卷），上海古籍出版社，2016。

方诚峰著，《北宋晚期的政治体制与政治文化》，北京大学出版社，2015。

王曾瑜著，《尽忠报国——岳飞新传》，中国书籍出版社，2016。

刘路著，《武夫仁心——太平天子赵匡胤》，重庆出版社，

2016。

李锡厚著，《辽金西夏史》，上海人民出版社，2003。

吴天墀著，《西夏史稿》，商务印书馆，2010。

思考问题答案

第一章　第一节　大宋开国

思考：

（一）五代十国时期，为什么会战乱兵祸不断？

答：一方面是因为悍将：禁军将领手握重兵，朝廷又缺乏对其有效的制衡，因此他们能够发动兵变，推翻朝廷。另一方面则是源于骄兵：唐朝后期以来，士兵们经常通过哗变的方式，拥立新的主帅，然后要求主帅对自己进行赏赐。骄兵悍将结合在一起，造成五代十国时期兵祸此起彼伏。

（二）陈桥兵变对中国历史的发展具有怎样的影响？

答：陈桥兵变虽然称为"兵变"，但在赵匡胤的约束下，兵变既没有发生严重的军事冲突，也没有对开封百姓实行掠夺，这是五代十国时期不曾有过的。陈桥兵变透露出赵匡胤由乱入治的思想，这为日后宋朝摆脱五代兵祸不断的局面、进一步开创文治盛世奠定了基础。

第一章　第二节　海内一家

思考：

（一）为什么王朴和赵普都支持"先南后北""先易后难"的统一方针？周世宗和宋太祖"先北后南"的方针是否可行？

占据幽燕、扶持北汉的辽朝军事力量雄厚，五代以来始终为中原王朝的劲敌，双方一旦交战，就可能会是一场规模宏大、旷日持久的战争。而经过唐末五代的战乱，中原社会经济遭到巨大破坏，加之禁军叛变与藩镇割据问题没有解决，中原王朝在这样的战争中可能会力不从心。

相比而言，南方在五代时期战乱相对较少，社会经济破坏较少，中国经济文化中心也日益向南方转移，"先南后北"的战略不仅可以减少统一战争的阻力，还可以在完成对南方的统一后，利用南方的经济优势来支持对辽朝、北汉作战。此外，北汉作为宋辽之间的缓冲区，也可以缓解宋辽爆发大规模战争的可能。相比而言，"先北后南"的方针虽然并非完全不可行，但风险更大。

第一章　第三节　"释兵权"与"养兵"

思考：

（一）宋朝解决禁军问题，除了政治艺术外，为什么还需要政治制度？

宋太祖与石守信等宋初禁军高级将领之间关系密切，"杯酒释兵权"化解了君臣间情感上的尴尬，也减少了被罢兵权者的抵触情绪。但这样的行为只是一次性的人事调整，如果不改变禁军的管理制度，负责管理禁军的最高将领就仍然具有很高的级别和威望，手中仍然掌握着无法被有效制衡的兵权，那么虽然现在罢免了石守信，但不久以后，还会诞生一批新的李守信、王守信。因此，解决禁军问题，不仅需要政治艺术，更需要相应的制度。

（二）以"杯酒释兵权"为代表的一系列措施，虽然解决了禁军叛乱的问题，但是会产生哪些消极影响呢？

首先是腐败问题。禁军高级将领的兵权是宋太祖赎买回来的，不少将领到了地方做节度使后，为了表示自己没有政治野心，也为了享受，都是不恤民情甚至横征暴敛。"释"掉权力的那杯"酒"，在避免激化矛盾的同时，也成为一张朝廷颁发的"腐败许可证"。此外，集中兵权的做法在后来也愈演愈烈。从宋太宗开始，宋军最前线不仅常常不设最高指挥，甚至连布阵的阵图都由坐镇开封的皇帝事先制定好，由此严重扰乱了宋军前线的指挥系统，损害了宋军的战斗力。

（三）你认为养兵是否是百代之利？为什么？

养兵确实有有利的一面，很大程度上缓解了那些失去土地的农民的生计问题，相当于是宋朝解决农民失业问题的一种手段，对于维护社会稳定有所帮助。但另一方面，养兵使得宋朝军队的规模急剧膨胀又难以裁减，形成"冗兵"问题。由于募兵时兵源鱼龙混杂，又导致宋军的素质持续下降。而养如此规模的军队，对宋朝财政造成巨大压力，每年有70%—80%的财政收入都用来养兵，由此又形成了冗费。到了北宋中期，宋朝爆发了严重的财政危机。

第一章　第四节　削藩三策

思考:

（一）削藩过程中，为什么以文臣替代武臣、以朝官替代地方官的办法被反复使用?

一方面，五代兵祸不断的原因之一，就是武臣利用自己手中掌握的军队不断发动战争或掀起叛乱，武臣本来就是要被替代的对象。相对于武臣，文臣没有军队支持，也更愿意听命于朝廷的命令，有利于朝廷对地方的控制；大多数情况下，文臣也比武臣拥有更高的知识素养和治理意识，以文臣替代武臣也能提高地方治理水平。另一方面，以朝官替代地方官，既可以提升到地方任职者的地位和威望，使他们能够与节度使抗衡；又可以通过这种方式，加强朝廷对地方任职者的控制，避免他们再度形成割据。

（二）为什么唐末五代解决不了的藩镇问题，能够被宋太祖和宋太宗解决?

一方面，宋太祖与宋太宗是站在前人的肩膀上。五代前期的后梁和后唐，都是依靠强大的军事力量，由藩镇演变而成的中原王朝，藩镇的军队也自然成了朝廷的禁军。朝廷的军事力量逐渐超过了藩镇，扭转了唐末以来朝廷弱势的局面。为了限制藩镇，五代的统治者们也采用了诸多方法，赵普的"削藩三策"就是在这些方法上总结提出的。另一方面，宋太祖和宋太宗采用渐进式改革，尽量避免激化朝廷与藩镇的矛盾，减少改革阻力；同时通过设立通判、转运使，派遣高级文官到地方主持政局，从制度上将藩镇问题彻底解决。

（三）你觉得宋初削藩是必要的吗？关于削藩的一系列改革会产生新的弊端吗？为什么？

削藩有必要。由武人节度使控制的藩镇不仅造成兵祸不断，而且也造成地方民政治理水平低下。但削藩后过度的中央集权，产生了一系列新的弊端，地方官府乃至整个社会逐渐缺乏自主性和活力，从而对社会经济的发展产生极为不利的影响。

第一章　第五节　太平兴国

思考：

（一）武人、文吏、文士各有什么特点？这些特点对于治国理政有哪些积极和消极的影响？

武人性格勇猛，身体健硕，适合领兵作战、维护治安。但由于大多数武人缺乏治理地方的能力和意识，往往会造成刑罚过重的严重问题。文吏熟练掌握行政技能，能够有效提高行政效率，但往往贪婪残酷，横征暴敛。文士受过良好的儒学教育，有较高的知识水平，有治理意识，却未必拥有行政技能。当然，这也只是就一般性的特征而言，武人也有把地方治理得井井有条的，文士出身横征暴敛的贪官污吏也不在少数。

（二）该如何评价宋太宗的勤政？

就宋太宗个人而言，勤政是一种优秀的政治品质，是对国家责任的认真负责。无论是皇帝还是官员，自古以来，我们都对勤政这种优秀的政治品质积极肯定。但是就制度而言，宋太宗的勤政恰恰反映出权力的高度集中，反映出皇帝对权力分享者的高度排斥、对权力篡夺者的绝对防范。我国古代的皇帝勤政往往与专

制制度下的皇权独裁相始终。在这样的独裁体制之下，开国元勋如赵普、科举状元如吕蒙正，虽然贵为宰相，也只能对宋太宗马首是瞻，难以发挥重要作用。所谓的皇帝与士大夫共治天下，在太宗时代，根本不存在。

（三）该如何评价宋太宗的文治？

宋太宗在文治方面最大的贡献，莫过于全面扩大和完善科举制度。科举正式成为朝廷选拔人才的最主要途径，随即出现了人才井喷。到了太宗晚期，从中央到地方，到处都是通过科举进入官场的士人。这样的士人被称为"士大夫"。至此，宋朝彻底告别了五代遗风，迎来了士大夫政治的曙光。科举考试相对公平，尽管有很大局限性，但还是为广大士子提供了改变命运的机会。不过，由于我国古代官本位的观念，大量希望改变命运的士人通过科举制度涌入仕途，官僚机构能够提供的职位有限，如何安顿这些拥有任官资格的士人，成为宋、明、清三朝始终无法妥善解决的社会问题。

第一章　第六节　幽云之役

思考:

(一)幽云十六州对辽朝社会发展有哪些关键影响?

通过对幽云十六州的统治,大量汉族的先进科学技术和文化传入辽朝,促进了契丹民族的进步。随着十六州的并入,契丹贵族在维护本民族利益的同时,必须兼顾汉族各阶层的利益,于是形成了顾及不同地区、不同民族、不同社会的风俗习惯、发展水平的制度,不仅缓和了民族矛盾,更推动了辽朝社会的发展,为辽朝长期与中原王朝对峙创造了重要条件。

(二)从高梁河之战到君子馆之战,导致宋军一败再败的关键因素是什么?

关键在于宋太宗高度的军事集权。在高梁河之战中,宋太宗率军亲征,直接掌握军队前线的指挥权,结果战术指挥失败,导致全军溃败。在雍熙北伐中,曹彬虽然是名义上的主帅,但实际上并不具备调度三路大军的权力,而且因备受宋太宗的猜忌,不敢展开拳脚。君子馆之战中,宋军前线并无主帅,致使宋军各自为战,彼此协调性极差。宋太宗将军事指挥权牢牢握在

自己手里，前线将领无法随机应变地应对千变万化的战局，加之太宗本人军事能力不足，由此导致宋军在对辽战争中一败再败。

（三）陈家谷之战明知必败，杨业仍然选择奋勇抗敌，你觉得杨业的选择值得吗？为什么？

作为军人，杨业不能抗拒来自上级的军令，即便知道此战必败，他还是不得不出征。但在明知必败的前提下，杨业没有消极怠工，更没有临阵脱逃或者倒戈，而是选择奋勇抗战，表现出了他服从命令、勇于担责的优秀军人作风，以及抗击契丹、宁死不降的民族气节。杨业的悲剧是在宋太宗的纵容下，潘美和王侁一手酿成的。

第二章　第一节　士大夫与咸平政治

思考：

（一）宋真宗前期的政治特点，与宋太宗时期有什么不同？为什么会产生这种差异？

与宋太宗时期相比，宋真宗在统治前期不再像太宗那样强势、专断和猜忌，而是更多地依靠士大夫来处理国政，士大夫在政治中的作用越来越重要。之所以产生这样的差异，一方面是因为真宗本人是第一位出生在宋朝建立以后的皇帝，又长期生活在强势猜忌的宋太宗的阴影下，因而他的性格更加温和谨慎；另一方面，宋太宗积极扩大科举制度，大批读书人通过科举考试进入官僚机构，士大夫阶层不断壮大，开始在国家决策层面拥有更多的话语权。

（二）为什么在宋真宗时期，会出现李沆主导国家大政的现象？这对宋朝有什么影响？

宋真宗慎刑、谨慎、温和，允许士大夫参与国家政治决策。在真宗即位前，李沆就曾是真宗的老师，对真宗的性格有深刻的了解，李沆也在真宗心里具有很大的威望，由此导致真宗几乎对李沆言听计从。李沆在宋代被称为"圣相"，他重塑了宋代皇帝与宰相之间的关系，为皇帝与士大夫共治天下的新型政治模式拉开了序幕。

第二章 第二节 澶渊之盟

思考:

（一）为什么说承天萧太后是一位伟大的女政治家？

承天太后萧绰重用顾命大臣韩德让和耶律斜轸，积极笼络群臣，使统治核心保持稳定；同时大胆起用汉人，积极推行汉化政策，并首开科举，促进了各民族融合。她改革了契丹落后的司法、部族、赋税制度，推动了辽朝社会的发展。萧太后还主导了宋辽之间的澶渊之盟，为宋辽两国此后一百二十年的和平奠定了基础。辽朝由此进入全盛时期。

（二）与汉唐时期对少数民族政权的和亲政策相比，宋朝对辽朝的政策有什么新特点？为什么会产生这样的新特点？

汉唐时期对少数民族的和亲政策，是通过建立血缘关系，维系边疆安定；而形式上，汉唐保持着民族优越感。宋朝对辽朝采取"赎买和平"的政策，双方的政治地位是对等的。之所以产生这样的变化，一方面是因为两宋时期，社会经济有了更进一步发展，宋辽贸易在此基础上规模也进一步扩大。辽朝对宋朝的经济需求已经超过了过去那种血缘关系的需求，宋朝也有能力以经济手段来维持两国的和平。另一方面，宋辽两国势均力敌，使得谁也吃不掉谁，由此促成了两国在交往时的对等关系。

第二章　第三节　士大夫群体登上政治舞台

思考：

（一）寇准能够力挽狂澜却喜好夸耀，丁谓奸邪可恶却颇有才干，我们应该怎样认识政治人物的复杂性？

通过寇准和丁谓的经历可以看出，政治人物有好坏、善恶之分，但并不意味着"好人"就一定没有缺点，"坏人"就一定是酒囊饭袋；甚至有些人物本身就不能单纯用好坏来作区分。

（二）从宋初到仁宗朝初期，士大夫在政治舞台上发生了怎样的变化？为什么会发生这样的变化？

从宋初到仁宗朝初期，一方面是士大夫在政治舞台上发挥的作用越来越大，另一方面，发挥影响力的士大夫由个别的代表人物扩大到士大夫群体。产生这样的变化，与皇帝性格的温和、科举制度扩大后士大夫阶层的崛起有关，也与士大夫在政治实践中逐渐摸索出与皇帝"共治天下"的方法有关。

第二章　第四节　宋夏战争与宋、辽、夏三足鼎立

思考：

（一）为什么宋朝在对夏战争中连续三次大败？

西北地区地形复杂，不利于各部宋军之间相互支援。西夏军队以党项民族为主体，全民皆兵，英勇善战。宋军中存在大量冗兵，影响战斗力。宋朝缺乏对夏战争的准备，战和政策又总是摇摆不定。

（二）如何理解在宋、辽、夏三足鼎立的形势下，三国关系的变化？

三国围绕各自的国家利益，形成了制衡关系。一方面，由于宋辽两国势均力敌，任何一方与西夏联合，都会对另一方造成压力；任何一方与西夏作战，又都给另一方造成可乘之机。如宋夏交战，辽朝便乘机要求宋朝增币；辽夏关系不佳，宋朝便乘机逼迫西夏称臣。另一方面，宋辽两国为了防止均势被打破，又都不愿看到西夏被对方灭掉，西夏得以在两大强国的夹缝中生存下来。

（三）对于西夏战事，为什么宋仁宗和宰执集团总是迟迟不能做出决断？这暴露出什么问题？

因为士大夫政治归根结底是皇权政治的一部分，因此朝廷大政的最高决策权，仍然依靠皇帝。在对夏作战时，宰执集团发生意见分歧，只能依靠皇帝个人行使最高决策权的方式来做最后的决定，而宋仁宗偏偏优柔寡断，不善于做决断，因而迟迟不能确定对西夏的政策。这暴露出，在士大夫政治中，当皇帝弱势时，虽然士大夫有更多的决策空间，但高度依赖皇帝行使最高决策权，而弱势的皇帝又缺乏士大夫所需要的决策能力，从而导致决策效率低下。

第二章　第五节　庆历新政

思考：

（一）与宋太祖的改革相比，庆历新政有哪些不同的特点？为什么太祖时的改革卓有成效，而庆历新政却失败了？

宋太祖的改革核心是加强中央集权，庆历新政的改革核心是裁减冗官、澄清吏治。宋太祖在改革前，唐末五代已经为解决禁军、藩镇问题提供了大量的经验，加上太祖本身采用的渐进式改

革方法，因而受到的阻力相对较小，最终成功。庆历新政面对的是科举制度扩大与荫补制度结合后，产生的冗官和吏治问题，难度较大；改革者又缺乏经验，在朝中四处树敌，最终失败。

（二）联系庆历新政、庆历兴学与宋初三先生的经历，想想学术思想与政治变革之间会有怎样的联系？

学术思想作为一种理论，源自实践。正是有了北宋前期士大夫政治的发展，才使得"致君尧舜"等政治主张越来越成为一种主流思潮。而这种思想又推动一部分士大夫在具体的政治行为中去实践，以达到理论中提到的目标。学术思想与政治变革是相辅相成的。

第二章　第六节　与士大夫共治天下

思考：

（一）与宋太祖、宋太宗、宋真宗时相比，宋仁宗时的政治风貌有哪些特色？为什么会有这样的特色？

虽然都属于君主专制，但宋仁宗时的政治明显比太祖、太宗、真宗时更加开明，士大夫在政治中也有了更多话语权。这主要是因为在经历了长期的实践后，过去一些制度逐渐稳定下来，政治传统（如"祖宗之法"）也逐渐获得总结，此外仁宗本人相对较为开明的政治作风也是促成这种特色的重要因素。

（二）士大夫政治有什么优点，又有哪些不足？你认为宋仁宗时的士大夫政治能够长期维持下去吗？

优点在于可以在一定程度上制衡皇帝的专制乃至独裁，制衡宰执的专权，使更多的人参与到决策中，从而使决策能够照顾到尽量多的人的利益，并尽可能避免决策失误。但士大夫的品质良莠不齐，优秀士大夫可以通过士大夫政治发挥好的作用，道德败坏的士大夫也可以在这个舞台上为自己谋利。宋仁宗时的士大夫政治难以为继，因为并非所有皇帝都像宋仁宗一样弱势，当皇帝变得强势后，由于拥有最高决策权，他可以随时将权力集中到自己手中，然后再用这些不受制约的权力胡作非为。

（三）结合宋太祖以来对武人的政策和宋代的制度，想想宋朝是如何"崇文抑武"的？这些政策对宋代的军事产生了怎样的影响？

通过对武将级别的压制，来抑制武将的威望与野心；通过

三衙—枢密院管军体制等一系列军事制度，来制衡武将手中的权力；特别是全国最高军事机构枢密院、各地方军区最高指挥机构安抚使司，其负责人几乎都以文臣担任；作战前线往往不任命最高指挥官，军队由千里之外的皇帝遥控指挥，甚至连行军布阵的阵图都由皇帝颁授。武将在具体作战中的话语权降低，作战的灵活性也降低。因此，宋朝虽然从没有威胁到朝廷存亡的武将兵变，但军队的作战能力也在层层束缚中严重下降。

第二章　第七节　仁宗盛治

思考：

（一）你觉得宋仁宗时代是"治世"或"盛世"吗？为什么？

宋仁宗统治后期，政治稳定，经济繁荣，文化昌盛，辽、夏的军事威胁也暂时缓和，按照传统史书的标准，堪称"治世"乃至"盛世"。但帝制社会的"盛世"从来都是相对的，宋朝官府对老百姓的剥削压迫极为苛重，而所谓"盛世"之下也掩藏着吏治腐败、财政危机、军备废弛等严重问题。从这个角度讲，中国古代历代王朝的任何"盛世"都是虚假的。

（二）"仁宗盛治"有哪些表现？

第一，政局稳定，到仁宗后期，战乱、兵变、民变均已偃旗息鼓。第二，人才鼎盛，出现了范仲淹、韩琦、富弼、欧阳修、包拯等一批有才华、思进取、讲风节的士大夫。第三，文化昌隆，涌现出了一批以"宋初三先生""北宋五子""唐宋八大家"（宋朝的六位）、"宋四家"等为代表的思想文化领域的杰出人物。第四，经济繁荣，人口增长稳定，农业、手工业、商业发展迅速。

第三章　第一节　熙宁变法

思考：

（一）怎样理解北宋中期的两条改革路线？为什么宋神宗会选择王安石，而不是司马光？

司马光主张"节流"，希望神宗和朝廷能够裁军，量材录用官员，减损冗费，节省财用；同时强调安民养民，认为只要百姓安居乐业，生活富足，朝廷的税收状况自然能得到改善。王安石主张"开源"，通过"摧制兼并"，将过去大商人、官僚、地主的部分剥削收入收归朝廷；通过扶植社会中下阶层来发展生产，提

升国力。节流与开源，各有各的道理，应当取长补短。宋神宗希望大有作为，摆脱宋朝积贫积弱的局面，就不仅需要缓解财政危机，更需要更多的财政收入，因而会选择王安石。

（一）熙宁变法有什么积极效果，又有怎样的隐患？

熙宁变法使北宋的财政收入有了巨大改观，军队战斗力也有一定提升。但在变法过程中，官府直接做生意，不仅与民争利，也严重危害了社会公平，理财最终演变成敛财，加重了老百姓的负担。

第三章　第二节　元丰改制

思考：

（一）结合熙宁新法和元丰改制，想想为什么宋神宗时期政治风气会发生改变？

一方面，宋神宗是一位胸怀大志的强势君主，性格与宋仁宗完全不同。士大夫政治下，皇帝拥有最高决策权，因此皇帝权力有多大、皇帝受到士大夫制衡的程度有多大，更多地取决于皇帝本人的意愿。宋神宗加强独裁，士大夫们无法有效制衡。另一方面，王安石在推行新法过程中的刚愎自用，也加深了士大夫群体的矛盾；特别是他起用的变法派官员中，有一些是阿谀奉承之人，这也严重影响了政治风气。

（二）为什么乌台诗案没有酿成以文字狱杀士大夫的惨祸？

首先，宋朝自太祖以来，就有不杀士大夫及上书言事者的政治传统，这在特别重视"祖宗之法"的宋朝，具有一定规范作用。另外，尽管宋神宗时政治风气有所变化，但还没有发展成宋哲宗以后的党争，再加上王安石、章惇等变法派领袖的积极营救，因而乌台诗案没有酿成以文字狱杀士大夫的惨祸。

（三）为什么北宋能够取得熙河开边的胜利，却在灵州、永乐之役中惨败而归？

首先是战争对象不同。熙河开边的战争对象是青唐吐蕃，而灵州、永乐之役的对象是西夏，西夏实力要远远大于青唐吐蕃，灵州、永乐之役自然也难于熙河开边。但更主要的因素是，熙河开边过程中，杰出的军事将领王韶受到重用，军队指挥相对统一。而在灵州、永乐之役中，宋神宗为了掌控军队，大量起用宦官、外戚，一线将领反而受他们节制，可谓所用非人；五路大军

彼此之间需要有效协调，但各路人马各自为战，缺乏配合。因而
灵州、永乐之役宋军遭遇了惨败。

第三章　第三节　从元祐更化到绍圣绍述

思考：

（一）该如何评价元祐更化？你认为元祐更化中的哪些措施
是合理的，哪些是不合理的？

元祐更化的初衷是纠正熙丰变法期间造成的弊政，结果更
化本身反而成了新的弊政，同时还进一步激化了新旧党之间的矛
盾。在元祐更化中，司马光提出的广开言路是正确合理的举措，
但实际实施时对新党的言论并不够包容。对新法一边倒式的废
除，使安民变成了扰民；罗织车盖亭诗案，加剧了新党与旧党的
矛盾，为日后新党对旧党的疯狂打击报复埋下伏笔；割让土地给
西夏，也并没有换来宋夏的和平。这些措施基本都不合理。

（二）该怎样看待绍圣绍述？你觉得宋哲宗是否继承了宋神
宗的政治路线与遗志？

绍圣绍述在名义上恢复了宋神宗的新法，并在对夏战争中取得了一系列胜利，这是宋朝三百余年少有的在军事方面的高光时刻。但是，新党对旧党不择手段地打击报复，对士大夫的疏奏进行审查，使得北宋前期宽松的政治环境荡然无存，并进一步激化了各派势力的矛盾。宋哲宗虽然在一定程度上继承了宋神宗的政治路线和遗志，但新法逐渐变质，政治环境也被破坏殆尽。

（三）为什么说士大夫政治在宋哲宗时期走向了失败？

经过宋哲宗前期的元祐更化和后期的绍圣绍述这两次折腾，昔日变法的路线之争，已被党同伐异取代。实现"致君尧舜"和"三代之治"的理想被许多士大夫束之高阁，取而代之的是对政治立场的选择和对当权者的依附。北宋政局越发混乱，士大夫元气大伤，士大夫政治不可避免地走向了失败。

第三章　第四节　戛然而止的"盛世"

思考：

（一）为什么熙宁新法和士大夫的政治理想，会沦为宋徽宗君臣穷奢极欲的工具？

在熙丰变法、元祐更化和绍圣绍述的过程中，士大夫彼此的

路线之争逐渐失去理智，演变成意气之争，最终在党争中形成新党与旧党难以调和的矛盾。在这个过程中，宋神宗、宋哲宗、宋徽宗的权力却在不断加强，到宋徽宗时，北宋君主专制独裁的程度达到顶峰，皇帝为所欲为，依附于皇帝的臣僚助纣为虐，熙宁新法和士大夫的政治理想逐渐沦为宋徽宗君臣穷奢极欲的工具。

（二）如何看待《清明上河图》与《东京梦华录》中，描绘的"太平盛世"景象？

《清明上河图》与《东京梦华录》中描绘的"太平盛世"景象在某些方面真实存在，比如开封作为北宋王朝的首都极为繁荣。但这种"太平盛世"的表象下，是开封普通民众的血泪。出了开封，在更广阔的大宋土地上，民众正深陷水深火热之中。说到底，所谓的"太平盛世"都是假象。

（三）你认为宋朝应该与金朝结盟，夹击辽朝吗？为什么？

辽朝政治腐败，无力抵抗金朝，亡国是早晚之事。澶渊之盟签订后，辽朝也多次乘人之危，要求北宋增加岁币、割让土地。因而，对北宋来说，如果在实力允许的前提下，选择与金朝结盟、收复幽云十六州未尝不可。但宋徽宗君臣并未对战争做充足的准备，加之朝政腐败，所用非人，导致宋军在进攻辽军时频繁战败，由此又进一步刺激了金朝的野心，酿成靖康之变的惨祸。

第四章　第一节　建炎南渡

思考：

（一）怎样评价宋高宗在建立南宋后，一路南逃？

南宋建立之初，由于北宋精锐几乎消亡殆尽，南宋的中枢系统尚未有效运行，因而确实存在抵抗金朝的困难。但宋高宗为了保住皇位，完全放弃了对中原防守的支持，只顾一路南逃，丧失了收复北方的良机。这样的南逃最终演变成绍兴和议，以屈辱的代价换来宋金之间并不稳定的和平。

（二）为什么金朝渡江后，依然无力灭亡南宋？

女真族的社会发展相对落后，占据中原后，需要大量的精力来维持对新占领地的统治；金朝统治集团内部内斗不断，削弱了进攻南宋的力量；以骑兵为主的金军在渡江后，无法在水网交密的南方发挥进攻优势，反而有可能被宋军从长江断了后路，因而

渡江后的金军也无法全力进攻南宋。

第四章 第二节 "还我河山"

思考：

（一）如何评价第一次绍兴和议？

第一次绍兴和议通过和平谈判获得部分失地，本来具有一定意义，但代价是南宋向与自己有灭国之恨的金朝极为屈辱地称臣纳贡，并放弃了黄河以北的国土，可谓得不偿失。和议订立后，宋高宗为防止激怒金人，根本不敢在收复的土地上有效行使统治，秦桧甚至还要撤掉江淮地区的防线，这使得不久后金朝撕毁条约卷土重来时，南宋一度陷入被动。

第四章 第三节 屈辱"中兴"

思考：

（一）如何评价宋高宗的建炎中兴？

与很快被清朝灭掉的南明相比，宋高宗的建炎中兴保住了宋朝在南方的半壁江山。但宋高宗为了一己私利，能战不战，不败而败，以极为屈辱的条件与金朝订立了一个无法长久维持的和平盟约，且在宋金休战后，宋高宗、秦桧仍然骄奢淫逸、横征暴敛。所谓的"中兴"，不过是统治者的自我标榜。

（二）你认为宋高宗应当收兵权吗？他的收夺兵权，与宋太祖的杯酒释兵权有什么不同？

客观来说，收夺兵权也有必要。当时各地的私家军并非都像岳飞一样有崇高理想。如张家军的张俊贪腐横行；刘家军的刘光世不听朝廷调令，擅自逃跑；吴璘的孙子吴曦在掌管吴家军后，更是发动叛乱，投降金朝。收夺兵权有利于朝廷对军队的统一调度，也能防止地方势力割据一方。但是，宋高宗为了收夺兵权，自废武功，向金朝称臣割地纳贡；收夺兵权后，军备废弛；更在收夺兵权过程中，为了立威和达成绍兴和议，残忍地杀害了抗金名将岳飞。宋太祖的杯酒释兵权是一场喜剧，而宋高宗的收夺兵权却是一场丑剧和闹剧。

（三）比较绍兴和议与澶渊之盟、庆历和议，说说他们有什么相同点和不同点。

澶渊之盟、庆历和议、绍兴和议，都是宋朝通过输送财物来

实现和平的盟约，是"赎买和平"的一种体现。但是，澶渊之盟基于宋辽对等关系，维持了两国一百二十年的和平。庆历和议规定宋朝是西夏的宗主国，两国关系不对等，也不够势均力敌，故而在订立盟约后，仍然打打停停。绍兴和议极为屈辱，南宋对金朝称臣纳贡，放弃了北方沦陷的失地，这样的盟约无法抹杀宋金两国的对立和仇恨，因此此后双方战争时有发生。

第五章　第一节　南渡之首

思考：

（一）为什么在战后，金朝和宋朝先后出现了大定之治和乾淳之治？

宋金常年战争，双方都消耗了巨大的人力、物力、财力，因而急需休养生息，缓和社会矛盾。金世宗与宋孝宗也都意识到短时间无法消灭对方，因而把战略重点从对外战争转向了对内统治，由此金、宋先后出现了大定之治和乾淳之治。

（二）为什么在宋仁宗末期以后和宋孝宗时期，宋代学术思想领域相继出现了大师级的学者？

宋仁宗末期和宋孝宗时期，宋朝政局相对稳定，政治文化氛围相对开明，为学术思想的发展提供了良好的环境，因而学术思想领域相继出现了大师级学者。

第五章　第二节　海上丝路

思考：

（一）为什么宋代的海外贸易异常繁荣？海上丝绸之路与草原丝绸之路有什么联系，又有什么区别？

宋代对指南针的应用和造船技术的提高，为海上丝路提供了技术基础；宽松开明的环境，为海外贸易提供了良好的社会环境；巨大的财政压力，也使宋代官方希望通过扶持海外贸易，来获得更多的财政收入。

草原丝绸之路以辽朝为主体，由传统丝绸之路衍生而来，依靠的仍然是内陆商道，以转口贸易为主；海上丝绸之路以宋朝为主体，需要依托一定的造船航海技术，依靠海上商道，从事的贸易更为广泛。通过宋辽之际的榷场贸易，两条丝绸之路被连接在一起，对全球经济文化的广泛交流做出了巨大贡献。

第五章 第三节 南北行暮

思考：

（一）你认为在蒙古崛起以后，金朝、南宋应当奉行怎样的外交政策？

金、宋应该尽量尽释前嫌，联合起来对抗蒙古。南宋方面确实曾有这一打算，正当朝臣们为是否扶持金朝抗蒙争论不休时，愚蠢的金宣宗对南宋发动了战争，企图通过对南宋攻占土地，来弥补自己被蒙古攻占的土地。结果，金朝的战争将南宋推向了蒙古，最终促成宋蒙联合灭金。

第六章 第一节 端平更化

思考：

（一）联金灭辽与联蒙灭金有什么异同？

相同点：首先，北宋与辽、南宋与金都有世代恩怨。北宋希望收复辽朝占领的幽云十六州；南宋希望收复被金朝占领的北方领土。其次，两宋都属于远交近攻，都是联合较远的一方来攻击相邻的一方。最后，面对金朝的辽、面对蒙古的金都是必亡之势。

不同点：北宋内政腐败不堪，缺乏对收复幽云十六州的准备，贸然出兵，被辽军击败；又缺乏对金朝的认识和防备，最终刺激金军南下，酿成靖康之变。南宋则对灭金有着充足准备，对蒙古也始终保持着提防。因而南宋能够成功联合蒙古消灭金朝。

（二）如何评价端平入洛？你认为灭金以后，宋朝应如何处理与大蒙古国的关系？

宋蒙联盟建立在共同灭金的基础上，金朝灭亡，联盟就难以维持下去。灭宋也一直是蒙古的既定方略。从战略上讲，端平入洛是在对这一局势有清醒认识的前提下，做出的正确选择。但是端平入洛缺乏足够的准备，也没有得到地方各大军区的支持，导致宋军孟浪进攻，补给匮乏，不仅新收复的土地旋即复失，而且给了蒙古人发动灭宋战争的借口。灭金后，宋朝应该小心谨慎对待蒙古，尽量拖延战争爆发的时间，利用此机会做战前准备。

第六章 第二节 大厦将倾

思考：

（一）南宋时期，涌现出岳飞、韩世忠、余玠、孟珙、王坚

等一大批拥有民族气节的爱国将领，你还能举出其他朝代同样具有民族气节的人物吗？

西汉苏武，明朝于谦，清朝林则徐、葛云飞……

第六章　第三节　丹心照汗青

思考：

（一）导致襄阳、樊城失陷的原因有哪些？你认为哪些因素是可以避免的？

导致襄阳、樊城失陷的原因首先是宋朝政治腐败。吕文德贪图财利，允许蒙古人在榷场中筑城，使襄樊陷入深深的包围圈。贾似道为了控制军队，允许范文虎单独对自己汇报工作，从而使宋军缺乏合作协调，各自为战又战战败归。贾似道欲在军中树立威信，推行打算法，大量名将被迫害致死。最后，元朝政治相对清明，军队战斗力强。南宋放任蒙古人在榷场修筑堡垒，贾似道推行打算法迫害南宋名将，这些因素都是完全可以避免的。